Party-Rezepte

Mit nur 5 Zutaten

garant

Inhaltsverzeichnis

Vorwort

Sie haben sich spontan entschlossen, mit Freunden zu Hause zu feiern oder möchten eine Freundin, die ein Baby bekommen hat, bei einem kleinen Empfang mit ihrem Nachwuchs willkommen heißen? Vielleicht haben Sie sich auch kurzfristig entschieden, Ihren Geburtstag nun doch feiern zu wollen. Viel Zeit bleibt Ihnen nicht für die Planung und den Einkauf. Keine Sorge, weniger ist manchmal viel mehr. Hand aufs Herz: Sind nicht die spontanen Feiern meist die schönsten und stimmungsvollsten? Was braucht man eigentlich mehr als einen bequemen Stehplatz am leckeren Büfett in der Küche, ein gefülltes Glas in der Hand und nette Menschen, mit denen man sich angeregt unterhalten kann?

Doch auch wer seine Gäste „auf den letzten Drücker" zusammentrommelt, möchte sie kulinarisch rundum verwöhnen – auch ohne ellenlange Einkaufszettel und tagelange Vorbereitungen. Schließlich wollen Sie als Gastgeber am Ende nicht todmüde aufs Sofa fallen, wenn die Gäste eintreffen, sondern ausgiebig mitfeiern.

Mit den Partyrezepten im vorliegenden Buch bringen Sie garantiert jedes Genießerherz zum Dahinschmelzen. Und das Gute daran: Für keines dieser Rezepte benötigen Sie mehr als fünf Zutaten!

Wählen Sie Rezepte aus, die gut zusammenpassen und mit der aktuellen Jahreszeit harmonieren. Eine Winterparty macht eher Lust auf eine heiße Suppe mit knusprigem Brot, für eine Sommerparty auf Balkon, Terrasse oder im Garten eignen sich stattdessen leichtes Fingerfood, Salate oder kalte Suppen aus dem Glas sowie fruchtige Desserts bzw. Sorbets. Garantiert wird Ihre Party damit zu etwas ganz Besonderem!

Einleitung

Erinnern Sie sich noch an die Klassiker, die in den vergangenen Jahrzehnten auf keiner Party fehlen durften? Party-Igel, Russische Eier, Würstchen im Schlafrock, Zwiebelsuppe, Krabbencocktail, Chili con Carne, Toast Hawaii, Nudelsalat, Spargelröllchen, Kanapees, Schnitzel vom Blech – die Liste ließe sich noch lange fortführen. Manche Klassiker überdauern Generationen und sind auch heute noch gern gesehen. Denken Sie nur an den Käse-Igel! Andere wurden neu interpretiert. Nach wie vor beliebt sind kleine Häppchen, die man schnell, so ganz nebenbei während eines Gesprächs in den Mund stecken kann, ohne erst Teller und Besteck zur Hand zu nehmen. Eine Serviette zum Abwischen der Hände reicht völlig aus. Sie heißen heute nur anders: Fingerfood. Ihnen ist in diesem Buch ein ganzes Kapitel gewidmet. Auch Suppen und Salate dürfen auf keinem Partybüfett fehlen. Sie finden Rezepte für jede Jahreszeit. Und was wäre ein Partybüfett ohne Brot? Natürlich selbst gebacken, denn erst dann schmeckt es richtig gut. Dazu Dips und Soßen, mehr braucht es eigentlich nicht, um durch den Abend zu kommen. Die vorgestellten Rezepte machen es Ihnen leicht, Abwechslung auf den Teller bzw. „in die Hand" zu bringen. Last but not least der krönende Abschluss: Desserts und süße Gebäckteilchen müssen einfach sein, damit auch Süßmäuler auf ihre Kosten kommen.

Fingerfood für jeden Anlass

Hier ein kleines Lachsröllchen, da ein Hackbällchen oder eine Mini-Pizza: Mit leckerem Fingerfood begeistern Sie Partygäste immer wieder aufs Neue. Die herzhaften kleinen Snacks, die direkt mit den Fingern gegessen werden und leckere Begleiter zu Wein, Sekt, Bier oder Cocktails sind, sehen nicht nur appetitlich und

verführerisch aus, sie lassen sich auch dekorativ auf Tellern oder Etagères anrichten, dazu stellt man gerne Dips und Soßen in kleinen Schälchen. Das Auge isst ja bekanntlich mit. Das liebevolle Anrichten gehört also dazu. Fingerfood ist schnell zubereitet. Achten Sie lediglich darauf, dass die Häppchen Ihrer Wahl auch kalt schmecken. Kalkulieren Sie bei einer Abendparty etwa zwölf bis 15 Häppchen pro Person ein. Denn der Appetit kommt beim Naschen. Achten Sie bei den Snacks darauf, dass sie nicht tropfen, zu fettig sind oder kleben, und bieten Sie gegebenenfalls Spieße oder kleine Gäbelchen an, um im Notfall schmierige Finger zu vermeiden. Dann bleibt die gute Stimmung garantiert ungetrübt.

Die vorliegenden Fingerfood-Rezepte kommen mit maximal fünf Zutaten aus und ihre Zubereitung geht rasch und unkompliziert von der Hand. Wahrscheinlich kommen Sie beim Blättern durch die Rezepte noch auf viele weitere Ideen. Frischer Blätterteig aus dem Kühlregal lässt sich beispielsweise im Nu füllen, rollen und zu köstlichen süßen oder pikanten Schnecken oder Teigtaschen verarbeiten. Es reicht schon, den Blätterteig einfach mit Zimtzucker zu bestreuen oder mit einem grünen oder roten Pesto zu bestreichen. Bunte Partyspieße sind ebenfalls schnell bestückt. Aus kleinen Mozzarellakugeln mit Cocktailtomaten und Basilikum wird ganz fix Caprese am Stiel, zu Fetawürfeln passen Oliven, Melone schmeckt besonders gut mit Schinken. Nichts spricht also dagegen, die vorliegenden Rezepte ganz nach Gusto und Vorliebe abzuwandeln.

Käse – der ideale Weinbegleiter

Wenn über Fingerfood hinaus auf Ihrer Party oder Ihrem Empfang nichts weiter serviert werden soll, können Sie zusätzlich eine Käseplatte anrichten. Sorgen Sie für Abwechslung und kreieren Sie eine aromatische Mischung aus milden, pikanten und würzigen sowie weichen, halbfesten und festen Käsesorten. Diese Auswahl kommt immer gut an und bietet für jeden Geschmack etwas. Legen Sie eine besondere Sorte dazu, damit eine „Standardplatte" aus bekannten Käsesorten nicht zu langweilig ist. Käsesorten werden am ansprechendsten im Stück mit entsprechenden Käsemessern stilvoll präsentiert, sodass sich jeder bedienen kann. Auf eine „milde" Käseplatte passen z. B. Brie, Camembert, Romadur, Le Montagnou, Winzerkäse, Ortenburger, Emmentaler, Gouda und Paglietta.

Pikanter wird eine Zusammenstellung aus Gorgonzola, Münster, Tilsiter, Cheddar, Bergkäse, Comté, Taleggio, magerem Sauermilchkäse und Esrom. Und sehr würzig

schmecken Roquefort, Saint Albray, Tomme de chèvre, Toma Piemontese, Sage Derby, Reblochon, Rougette, Brin d'damour und Limburger. Zu einer Käseplatte passt ganz klassisch Obst wie Feigen, Birnen oder Trauben. Auch eingelegte Gewürzgürkchen oder Silberzwiebeln machen sich gut. Ausgefallener und überaus köstlich sind Chutneys auf Obstbasis wie z. B. das Pfirsich-Chutney auf S. 122. Sie veredeln jede Käseplatte und bringen tolle Geschmackskombinationen.

Gemüsesticks – gesund und lecker

Gemüsesticks zum Knabbern und Dippen sind sehr beliebt, nicht nur bei Vegetariern und Veganern. Und sie sind eine echte Alternative zu kalorienhaltigem und ungesundem Knabbergebäck aus der Tüte. Je nach Jahreszeit eignen sich dafür Möhren, Kohlrabi, Radieschen, Mairübchen, Salatgurke, Paprika, Zucchini, Staudensellerie und einiges mehr. Auch bei den Dips ist die Auswahl schier grenzenlos. Herrlich dazu schmeckt ein Bärlauch-Tsatsiki (S. 120), eine aromatische Auberginencreme (S. 128) und ein farbenfrohes Rote-Bete-Hummus (S. 112). Oder Sie verrühren einfach einen Becher Naturjoghurt bzw. Quark mit klein gehackten Kräutern, etwas Salz und Pfeffer.

Dips und Soßen – was passt wozu?

Auch ohne großen Aufwand sind Dips und Soßen schnell zusammengerührt. Sie bringen Abwechslung auf den Partytisch. Zu leckerem Brot, Gemüsesticks oder Kräckern passt Tsatsiki, vor allem die edle Variante mit Bärlauch (S. 120) ist ein Muss. Richtig lecker schmeckt der griechische Dip z. B. zu Hackbällchen (S. 46). Zu einer Guacamole (S. 116), dem weltberühmten mexikanischen Dip aus Avocado, passen hingegen würzige Tortilla-Chips. Und wer es asiatisch mag, liegt mit dem Erdnuss-Dip (S. 118) oder der süßen Chili-Soße (S. 130) immer richtig. Auch pürierte Hülsenfrüchte ergeben köstliche, cremige Dips wie zum Beispiel den orientalischen Klassiker Hummus (S. 112) aus Kichererbsen. Wie schon oben erwähnt, ist Hummus der ideale Begleiter für Gemüsesticks, aber auch zu Falafel oder Brot eignet er sich wunderbar. Welche Dips und Soßen Sie schlussendlich vorbereiten und aufs Büfett stellen, hängt jedoch ganz von Ihnen ab und welche Geschmackskombinationen Sie bevorzugen.

Suppen und Salate – die Partyklassiker

Um die große Hektik kurz vor Beginn des Festes zu vermeiden, empfiehlt es sich, die Partysalate fürs Büfett bereits am Vortag zuzubereiten. Einige Party-Klassiker, etwa Kartoffel- und Nudelsalate, schmecken, nachdem sie einen Tag durchgezogen sind, noch besser als frisch zubereitet. Blattsalate oder reine Gemüsesalate sollten Sie erst am Tag des Feierns vorbereiten, das Dressing kommt erst kurz vor Eröffnung des Büfetts dazu. Wer es edel mag, kann seine Partysalate auch portionsweise im Glas servieren oder schichten. Probieren Sie doch einfach mal den Quinoa-Salat von S. 64. Das „Gold der Inkas“ ist ein sogenanntes Pseudogetreide, das botanisch zur selben Gattung wie Mangold, Rote Bete und Spinat gehört. Deshalb ist Quinoa glutenfrei und eignet sich somit für die Ernährung bei Glutenunverträglichkeit (Zöliakie). Quinoa erfreut sich weltweit immer größerer Beliebtheit und gilt als Superfood. Alternativ können Sie diesen Salat auch mit grobem Bulgur, Couscous, Hirse oder Amaranth zubereiten. Dann ist er allerdings nicht glutenfrei. Möchten Sie auch einen gemischten grünen Salat aufs Büfett stellen, sollten Sie das Dressing unbedingt selbst anrühren, dann wissen Sie, was drinsteckt. Für eine klassische Vinaigrette verrühren Sie 3 Esslöffel Essig, Salz, Pfeffer und eine Prise Zucker, dann schlagen Sie 4 Esslöffel Öl darunter. Fertig. Aromatischer wird die Vinaigrette, wenn Sie gehackte Kräuter oder eine gewürfelte Schalotte mit unterrühren, fruchtig wird sie, wenn Sie statt Essig Orangensaft und etwas geriebene Orangenschale hinzugeben. Auch die Essigsorte kann Ihr Dressing aufpeppen und interessanter machen, z. B. mit fruchtigem Himbeeressig, süßlichem Balsamico oder aromatischem Kräuteressig.

Kalte und warme Suppen

Ob für die kleine Runde oder 20 Personen: Suppen sind auf jeder Party gern gesehen. In Tassen, Schalen oder Gläsern angerichtet, löffelt man sie sogar im Stehen weg. Suppen haben ihren großen Auftritt vor allem in der kalten Jahreszeit. Wenn Sie Freunde zu einem geselligen Miteinander vors warme Kaminfeuer geladen haben, ist so ein „Seelenwärmer" mit Brot dazu schnell gekocht und genau das Richtige. Aber auch auf einem größeren Fest machen Suppen etwas her. Dass sie nur aus höchstens fünf Zutaten bestehen, ahnt ja keiner der Gäste. Warme Suppen lassen sich ohne großen Aufwand fantastisch vorbereiten und dann auf einer Warmhalteplatte servieren, wie z. B. die kräftige Mitternachtssuppe, die besonders gern an Silvester gereicht wird. Im Sommer können Sie hingegen eine kalte Gazpacho (S. 52) servieren, sie ist an heißen Tagen besonders erfrischend.
Schnell gemacht und bei Vegetariern beliebt ist eine bunte Gemüsesuppe. Dafür vier Möhren waschen, schälen und in Scheiben schneiden. Einen Kohlrabi schälen und in mundgerechte Stücke schneiden. 200 Gramm Blumenkohl- oder Brokkoliröschen etwas zerkleinern. Etwas Öl in einem Topf erhitzen und Möhren und Kohlrabi kurz darin anbraten, dann Blumenkohl oder Brokkoli und einen Liter Gemüsebrühe hinzufügen und aufkochen. Das Gemüse gar köcheln lassen und mit Salz und Pfeffer abschmecken.

Keine Party ohne Brot

Wenn gefeiert wird, darf Brot nicht fehlen. Zusammen mit Dips ist es der absolute Renner und eine gute Grundlage für alkoholische Getränke. Egal, ob Zupfbrot (S. 108) oder Schinken-Käse-Stangen zum Knabbern (S. 102) – sparen Sie nicht am Brotbüfett. Es lässt sich prima zu Salaten, Suppen und einfach pur zwischendurch „wegfuttern". Sie können die Brote im Voraus backen und einfrieren, dann müssen diese nur noch am Tag, an dem die Party steigt, aufgetaut und gegebenenfalls kurz aufgebacken werden. Vor allem bei der Grillparty sollte leckeres frisches Brot immer mit dabei sein. Besonders lecker: Brotscheiben mit wenig Knoblauch einreiben, mit etwas Olivenöl beträufeln und ab auf den Grill.

Leckere Brotaufstriche

Statt der Dips können Sie zum Brot auch zwei, drei verschiedene Aufstriche servieren. Wie wäre es beispielsweise mit einem würzigen Schmelzkäse-Brotaufstrich? Dafür müssen Sie nur 300 Gramm Crème fraîche mit 125 Gramm Sahne-Schmelzkäse und 4 Esslöffeln Milch verrühren. Je nach Gusto kommen dann noch Salz, Pfeffer und gehackte Kräuter oder aromatische Gewürze wie Chili- oder Currypulver dazu. Für einen erfrischenden Frischkäseaufstrich mit Limette verrühren Sie 200 Gramm körnigen Frischkäse mit Salz, Pfeffer, 1 Prise Zucker, abgeriebener Schale und Saft von 1 Limette. Abwechslung auf dem Büfett bietet ein Aufstrich mit Makrelenfilets. Zerdrücken Sie dafür 450 Gramm enthäutete und entgrätete Makrelenfilets und vermengen Sie diese mit 2 klein gehackten Frühlingszwiebeln, 80 Gramm Mayonnaise und dem Saft von 1 Zitrone. Mit Salz und Pfeffer abschmecken. Fischliebhaber werden sich freuen. Oder Sie stellen einfach verschiedene Sorten gekauftes Schmalz dazu! Je einfacher, desto besser!

Baguettes dürfen nicht fehlen

Baguettes sind klassische Party-Brote. Vom Bäcker schmecken Sie gut, selbst gebacken sind sie jedoch ein Traum! Zwar bedeutet das Selberbacken etwas mehr Aufwand, Ihre Partygäste werden jedoch begeistert sein. Für zwei Baguettes lösen Sie einen halben Würfel Frischhefe (21 Gramm) in 250 Milliliter Wasser auf. 500 Gramm Mehl (Type 550) und einen halben Teelöffel Salz mischen. Die Hefemischung zur Mehlmischung geben und mit dem Handrührgerät mit Knethaken

verarbeiten, bis der Teig nicht mehr klebt. Auf eine bemehlte Arbeitsfläche legen und mit den Händen ca. 10 Minuten kneten. Abgedeckt an einem warmen Ort etwa 45 Minuten gehen lassen, bis der Teig sein Volumen verdoppelt hat. Nochmals kneten. Teig halbieren und jeweils zu einem Baguette formen. Den Backofen auf 200 °C vorheizen. Nach weiteren 15 Minuten Gehzeit die Baguettes mehrmals diagonal einschneiden. Auf ein mit Backpapier belegtes Backblech legen und ca. 20 Minuten backen. Am besten die Baguettes noch warm servieren und zwei bis drei Dips dazustellen.

Kuchen und Desserts für Naschkatzen

In Verbindung mit Alkohol ist Herzhaftes und Pikantes auf dem Büfett das Nonplusultra. Aber irgendwann steht Ihren Gästen womöglich der Sinn nach einem frisch aufgebrühten Kaffee. Und dazu gehört einfach etwas Süßes. Die Blitz-Brownies (S. 84) werden aus nur zwei Zutaten gezaubert, der japanische Käsekuchen (S. 94) und der Haselnusskuchen (S. 98) kommen mit nur drei Zutaten aus. Ohne viel Aufwand haben Sie ein abwechslungsreiches Kuchenbüfett gezaubert. Aber natürlich dürfen auch Desserts nicht fehlen. Stellen Sie kleine Gläser oder Schälchen dazu, damit jeder sich bedienen und gegebenenfalls nachfüllen kann. Ein echtes Highlight ist z. B. die Schokomousse mit Granatapfelkernen (S. 80), da bleibt garantiert nichts übrig. Für heiße Sommerpartys eignet sich dagegen vor allem das Maracujasorbet (S. 86). Eine winterliche Rezeptvariante ist Mandarinensorbet. Dafür 1 Kilogramm Mandarinen schälen (möglichst viel von der weißen Haut entfernen). Die Mandarinen in einen hohen Rührbecher geben und mit einem Stabmixer pürieren. Das Püree durch ein Sieb streichen und 400 Milliliter abmessen. Püree, 100 Gramm Zucker und 3 Esslöffel Zitronensaft ca. 5 Minuten bei milder Hitze kochen lassen. 1 Blatt weiße Gelatine in kaltem Wasser einweichen, ausdrücken und in der heißen Flüssigkeit auflösen. Abkühlen lassen. Dann die Masse gefrieren.

Ein Klassiker schlechthin ist der Obstsalat. Für zwölf Esser benötigen Sie etwa 2 Kilogramm Obst, das Sie in kleine Stücke schneiden. Das Obst mit 6 Esslöffeln Zitronensaft und 2 Esslöffeln Zucker oder Honig vermengen. Bis zum Verzehr mit Frischhaltefolie abgedeckt in den Kühlschrank stellen.

Mit Kindern feiern

Wenn Sie eine Familienfeier begehen, ist meist auch eine kleine Kinderschar dabei. Mal-, Bastel- und Spielsachen sollten ausreichend vorhanden sein, damit sie sich beschäftigen können. Bei großen Partys ist eine Aufsichtsperson von Vorteil, die die Kinder unterhält und bei Laune hält. Eine Planung von Kinderspielen ist ebenfalls empfehlenswert. Auch kulinarisch muss es kindgerechte Angebote geben. Findet das Fest im Sommer draußen im Garten statt, schmeckt Stockbrot am Lagerfeuer nach Abenteuer und Freiheit. Für zehn Stück vermengen Sie 400 Gramm Mehl, 100 Gramm feine Haferflocken, 1 Packung Trockenhefe, 1 Teelöffel Zucker und 1–2 Teelöffel Salz in einer Schüssel. 250 Milliliter lauwarmes Wasser und 2 Esslöffel Öl zugeben und die Zutaten mit dem Handrührgerät vermengen, bis ein glatter Teig entsteht. Diesen etwa 30 Minuten gehen lassen, bis er sein Volumen verdoppelt hat. Zehn etwa 80 Zentimeter lange Stöcke an einem Ende fest mit Alufolie umwickeln. Den Teig noch mal kneten und in zehn Portionen teilen. Die Portionen mit den Händen zu länglichen dünnen Rollen formen und diese jeweils an der mit Folie umwickelten Spitze nicht zu fest um den Stock wickeln. Die Enden festdrücken. Stockbrote 10–12 Minuten backen, darauf achten, dass sie nicht direkt in die heiße Glut gelangen. Im vorliegenden Buch finden Sie weitere Rezepte, die sich für Kinder eignen. Die Mini-Pizzen (S. 22) stoßen stets auf große Zustimmung, und Nudelsalat, Kuchen und Desserts sowieso. Wenn dann noch Marshmallows und andere süße Kleinigkeiten im Angebot sind, ist das Fest für die Kinder gerettet.

Tipps zur Getränkewahl

Wenn Ihre Party in der Freiluftsaison stattfindet, denken Sie daran, keine zu schweren Getränke bzw. harten Alkohol zu servieren. Die sommerliche Wärme und Alkohol vertragen sich nur bedingt. Wichtig: Kühl sollten sie sein. Denn die Gäste Ihrer Gartenparty lechzen nach einem heißen Tag nach einer Erfrischung. Kleiner Tipp: Verzichten Sie bei Ihrer Gartenparty am besten ganz auf zu harten Alkohol: Leicht alkoholische Getränke wie ein kühles Radler, Weißweinschorle oder eine fruchtige Sommerbowle sind für die Gartenparty völlig ausreichend. Auch nicht-alkoholische Cocktails oder ein selbst gemachter Eistee schmecken wunderbar. Für Kinder sollten Säfte und selbst zubereitete Limonade bereitstehen. Besonders erfrischend für Groß und Klein ist auch ein Aromawasser: Einfach Obst- und Gemüsestückchen sowie Kräuter ins Wasser geben und ziehen lassen.

Entspannt feiern

Die nächste Party kommt bestimmt. Ob spontan, kurzfristig oder von langer Hand geplant, die Vorfreude darauf ist die größte Freude. Damit Sie als Gastgeber nichts Wichtiges vergessen, ist es ratsam, rechtzeitig mit den Vorbereitungen anzufangen und sich eine Checkliste zu machen. Wer mehr als die meist üblichen sechs Gäste in der eigenen Wohnung oder im Garten bewirten will, kann auf diese Weise den Stress erheblich reduzieren. Steht fest, wann und wo Sie feiern möchten, laden Sie Ihre Gäste rechtzeitig ein. Bei einer kleinen Runde können Sie zum Telefon greifen – das hat unter anderem den Vorteil, dass Sie meist direkt eine Zu- oder Absage bekommen. Auch bei spontanen Partys, wie etwa einem Grillabend an einem besonders schönen Sommerabend, empfiehlt sich ein Anruf. Bei ganz besonderen Anlässen, etwa einer großen Party zum 40. Geburtstag, sollten Sie die schriftliche Einladung wählen und bis zu einem bestimmten Termin um Antwort bitten.

Die Stimmung steht und fällt mit dem richtigen Essen und Trinken. Bei größeren Gästezahlen ist das Büfett deshalb die beste Lösung. Es gilt: Die Speisen sollen allen schmecken, also nicht zu ausgefallen sein. Machen Sie es sich beim Essen so einfach wie möglich. Greifen Sie auf Rezepte zurück, die Sie kennen und schon mehrfach zubereitet haben. Dann gelingen sie auch, wenn es aus Zeitmangel doch etwas stressiger wird. Mehrfach Erprobtes gelingt auch unter Zeitdruck. Mit netten Extras und liebevoller Dekoration können Sie diese Gerichte aufpeppen. Die Rezepte, die Sie in diesem Buch finden, sind kinderleicht umzusetzen und gelingen garantiert immer. Das sollte Sie aber nicht davon abhalten, die Rezepte, die Sie für Ihr Fest ausgesucht haben, vorher einmal auszuprobieren. Umso entspannter wird die eigentliche Partyvorbereitung. Richten Sie Fingerfood und Co. dekorativ an. Hübsche Schälchen, Teller, Platten und Schüsseln machen wesentlich mehr her als praktische Plastikschüsseln. Gleiches gilt für Gläser. Legen Sie hübsche Servietten und Besteck bereit und vergessen Sie die Eiswürfel nicht.

Die Deko hängt übrigens ganz vom Motto, von der Jahreszeit und von Ihrem Geschmack ab. Wichtig: Überfrachten Sie Wohnung oder Garten nicht. Weniger ist manchmal mehr. Lampions, Luftballons, Girlanden, Marmeladengläser für Teelichter und hier und da ein kleiner Blumenstrauß. Das reicht schon. Denn Ihre Gäste kommen vor allem Ihretwegen!

Fingerfood

Falafel

Zutaten für ca. 8 Portionen

500 g Kichererbsen (aus der Dose)

2 Zwiebeln

6 Knoblauch-zehen

1 Bund Petersilie

100 g Kicher-erbsenmehl

außerdem:
Salz, frisch gemahlener Pfeffer,
2 TL Kreuzkümmel,
2 TL Backpulver,
Öl zum Frittieren

Pro Portion: ca. 151 kcal, 7 g EW, 6 g F, 16 g KH
Zubereitung: ca. 35 Min.

1. Kichererbsen gründlich abspülen und abtropfen lassen. Zwiebeln und Knoblauch schälen und grob hacken. Petersilie waschen, trocken schütteln und Blätter abzupfen. Kichererbsen, Zwiebeln, Knoblauch und Petersilie im Mixer pürieren. Mit Salz, Pfeffer und Kreuzkümmel abschmecken und alles gut vermischen.

2. Kichererbsenpüree in eine Schüssel geben und Kichererbsenmehl löffelweise mit einer Gabel untermischen. Backpulver untermischen und alles zu einem glatten Teig verarbeiten. Aus jeweils einem Esslöffel Teig kleine Bällchen formen.

3. Öl in einem Topf erhitzen. Zum Prüfen der Temperatur einen Kochlöffel aus Holz hineinhalten. Wenn sich daran kleine Bläschen bilden, hat das Öl die richtige Temperatur zum Frittieren. Falafel darin ca. 2–4 Minuten goldbraun frittieren. Auf Küchenpapier abtropfen lassen. Dazu einen Joghurtdip, Auberginencreme (siehe S. 128) oder Rote-Bete-Hummus (siehe S. 112) reichen.

Mini-Pizza

Zutaten für ca. 24 Stück

300 g Mehl und etwas Mehl für die Arbeitsfläche

½ Würfel Hefe

6 kleine Tomaten

100 g Salami

200 g geriebener Käse

außerdem: ½ TL Salz, 2 EL Olivenöl, einige Basilikumblättchen zum Garnieren

Pro Stück: ca. 102 kcal, 5 g EW, 5 g F, 9 g KH

Zubereitung: ca. 45 Min. + Ruhezeit ca. 1 Std. 10 Min. + Backzeit ca. 15 Min.

1. Mehl in eine große Schüssel sieben. Hefe in ca. 150 Milliliter lauwarmem Wasser auflösen und zum Mehl geben. Salz und Öl untermischen und alles zu einem glatten Teig verkneten. Teig zu einer Kugel formen und abgedeckt an einem warmen Ort ca. 1 Stunde ruhen lassen.

2. Tomaten waschen, halbieren, putzen und in dünne Scheiben schneiden. 2 Backbleche mit Backpapier auslegen. Teig auf einer bemehlten Arbeitsfläche kurz durchkneten und ausrollen. Kreise mit ca. 8 Zentimeter Durchmesser ausstechen und auf das Backpapier legen. Mehrmals mit einer Gabel einstechen und weitere ca. 10 Minuten ruhen lassen. Backofen auf 200 °C (Umluft: 180 °C) vorheizen.

3. Teigkreise mit Tomatenscheiben und Salami belegen und mit geriebenem Käse bestreuen. Im vorgeheizten Backofen ca. 15 Minuten backen. Basilikumblättchen waschen und trocken schütteln. Mini-Pizzas mit Basilikum garniert anrichten.

Datteln
im Speckmantel

Zutaten für ca. 20 Stück

200 g Datteln

200 g Bacon

Pro Stück: ca. 58 kcal, 2 g EW, 3 g F, 7 g KH
Zubereitung: ca. 15 Min. + Backzeit ca. 20 Min.

1. Backofen auf 200 °C (Umluft: 180 °C) vorheizen. Backblech mit Backpapier auslegen. Datteln entkernen. Speckscheiben je nach Größe halbieren und jeweils 1 Scheibe um 1 Dattel wickeln. Mit Zahnstochern fixieren.

2. Datteln im Speckmantel auf das Backpapier legen und im vorgeheizten Backofen ca. 15–20 Minuten backen. Nach Belieben warm oder kalt servieren.

Statt Datteln können Sie auch anderes Trockenobst wie Zwetschgen oder Aprikosen verwenden.

Onion Rings

Zutaten für ca. 8 Portionen

4 große Zwiebeln

180 g Mehl

2 Eier

200 g
Sahne

200 g
Paniermehl

außerdem:
Öl zum Frittieren,
½ TL Backpulver,
Salz, frisch
gemahlener Pfeffer

Pro Portion: ca. 319 kcal, 9 g EW, 15 g F, 37 g KH

Zubereitung: ca. 30 Min.

1. Zwiebeln schälen und in dicke Ringe schneiden. Öl in einem Topf auf ca. 190 °C erhitzen. Zum Prüfen der Temperatur einen Kochlöffel aus Holz hineinhalten. Wenn sich daran kleine Bläschen bilden, hat das Öl die richtige Temperatur.

2. Mehl auf einen flachen Teller geben und mit Backpulver mischen. Eier mit Sahne in einem tiefen Teller verschlagen. Paniermehl auf einen flachen Teller geben und mit Salz und Pfeffer würzen.

3. Zwiebelringe in Mehl wenden, in die Eiersahne tauchen und im Paniermehl wälzen. Im heißen Öl goldbraun frittieren. Mit einem Dip nach Wahl servieren.

Sommerrollen

mit Garnelen

Zutaten für 20 Stück

½ Kopfsalat

1 Salatgurke

2 Möhren

200 g gegarte Garnelen

10 runde Reispapierblätter

Pro Stück: ca. 33 kcal, 3 g EW, 0 g F, 4 g KH

Zubereitung: ca. 30 Min.

1. Salat putzen, waschen und Blätter trocken schütteln. Gurke schälen, vierteln, entkernen und in dünne Streifen schneiden. Möhren putzen, schälen und in Streifen schneiden. Garnelen längs halbieren.

2. Eine flache Schale mit Wasser bereitstellen und ein sauberes Küchentuch bereitlegen. Je 1 Blatt Reispapier (ca. 15 Zentimeter Durchmesser) im Wasser einweichen, bis es weich und biegsam ist. Reispapier zum Abtropfen auf das Tuch legen.

3. Etwas Salat, Gurke, Möhre und 2–3 Garnelen auf dem Reispapier verteilen und die Seiten etwas über die Füllung legen. Reispapier aufrollen. Rollen halbieren und mit etwas Abstand zueinander (damit sie nicht aneinanderkleben) auf einen großen Teller oder eine Servierplatte legen. Sommerrollen mit Garnelen bis zum Anrichten kalt stellen. Dazu Erdnuss-Dip (siehe S. 118) oder süße Chili-Soße (siehe S. 130) reichen.

Mini-Cheeseburger

Zutaten für 12 Stück

600 g Rinderhackfleisch

12 Mini-Burgerbrötchen

12 Salatblätter (z. B. Eisbergsalat)

2 große Fleischtomaten

12 kleine Scheiben Käse (z. B. Gouda)

außerdem: Salz, frisch gemahlener Pfeffer, Öl

Pro Stück: ca. 266 kcal, 17 g EW, 15 g F, 14 g KH
Zubereitung: ca. 30 Min.

1. Hackfleisch in eine Schüssel geben und mit Salz und Pfeffer würzen. Zu 12 flachen Patties formen. Grill vorheizen und Grillrost mit Öl einpinseln. Brötchen aufschneiden und auf dem vorgeheizten Grill von jeder Seite kurz anrösten.

2. Salatblätter waschen, trocken schütteln und in mundgerechte Stücke zupfen. Tomaten waschen, halbieren, vom Stielansatz befreien und in Scheiben schneiden.

3. Patties von beiden Seiten ca. 5 Minuten grillen. Je 1 Scheibe Käse auf 1 Pattie legen und für ca. 30 Sekunden grillen. Brötchenhälften mit Salatblättern, Tomatenscheiben und Pattie belegen und die andere Hälften darüberklappen.

Die Mini-Cheeseburger können auch in der Grillpfanne zubereitet werden.

Kräuter-Käse-Pralinen

Zutaten für ca. 8 Portionen

500 g Doppelrahm-frischkäse

500 g Kräuter-frischkäse

4 Schalotten

1 Bund gemischte Kräuter

Chiliflocken

außerdem:
Salz, frisch gemahlener Pfeffer, Salzstangen oder Holzspießchen

Pro Portion: ca. 304 kcal, 7 g EW, 29 g F, 4 g KH
Zubereitung: ca. 30 Min.

1. Beide Frischkäsesorten in eine Schüssel geben und miteinander vermischen. Mit Salz und Pfeffer abschmecken. Schalotten schälen, fein hacken und untermischen. Aus der Masse kleine Kugeln formen.

2. Kräuter waschen, trocken schütteln, Blättchen abzupfen und fein hacken. Kräuter und Chiliflocken in einem tiefen Teller mischen. Käsekugeln darin wälzen.

3. Kräuter-Käse-Pralinen auf einem Teller anrichten und in jede Praline eine halbe Salzstange oder Holzspießchen stecken. Dazu nach Belieben süße Chili-Soße (siehe S. 130) und Brot reichen.

Lachs-Zucchini-Röllchen

Zutaten für ca. 8 Portionen

2 große Zucchini

2 unbehandelte Zitronen

400 g Frischkäse

4 EL Meerrettich aus dem Glas

300 g Räucherlachs in Scheiben

außerdem:
Salz, frisch gemahlener Pfeffer, Holzspießchen, etwas Schnittlauch zum Garnieren

Pro Portion: ca. 233 kcal, 11 g EW, 20 g F, 4 g KH
Zubereitung: ca. 35 Min.

1. Zucchini waschen, trocken tupfen und der Länge nach in dünne Scheiben schneiden. Topf mit Wasser zum Kochen bringen. Zucchinischeiben darin kurz blanchieren, in Eiswasser abschrecken und abtropfen lassen.

2. Zitronen unter fließendem, heißem Wasser gründlich waschen und trocken tupfen. Schale mit einem Zestenreißer oder einem scharfen Messer in dünnen Streifen abziehen. Zitronen halbieren und auspressen.

3. Frischkäse und Meerrettich in eine Schüssel geben und miteinander vermischen. Zitronenzesten unterrühren und alles mit Salz und Pfeffer abschmecken. Räucherlachs in mundgerechte Stücke schneiden. Abgetropfte Zucchinischeiben mit Frischkäsemischung bestreichen. Räucherlachsscheiben aufrollen, in die Mitte der Zucchini legen und zusammenrollen. Mit Holzspießchen fixieren. Mit Zitronensaft beträufelt und Schnittlauch garniert servieren.

Salsiccia
im Schlafrock

Zutaten für ca. 36 Stück

2 Pck. Blätterteig (aus dem Kühlregal)

2 Eier

12 Salsiccia

außerdem:
Sesam zum Bestreuen

Pro Stück: ca. 97 kcal, 5 g EW, 6 g F, 6 g KH
Zubereitung: ca. 15 Min. + Backzeit ca. 25 Min.

1. Blätterteig ausrollen und jeweils in 6 gleich große Rechtecke schneiden. Backofen auf 200 °C (Umluft: 180 °C) vorheizen. Backblech mit Backpapier auslegen. Eier trennen und Eigelbe verschlagen.

2. Je eine Salsiccia auf ein Blätterteigrechteck legen und einwickeln. Enden mit Eiweiß bestreichen und fest zusammendrücken. Mit einem scharfen Messer in dicke Scheiben schneiden. Salsiccia-Blätterteig-Stücke auf das Backpapier legen, mit Eigelb bestreichen und mit Sesam bestreuen. Im vorgeheizten Backofen ca. 20–25 Minuten goldbraun backen. Dazu Senf oder Barbecue-Soße (siehe S. 126) reichen.

Chipsvariation

Zutaten für ca. 8 Portionen

2 festkochende Kartoffeln

1 Süßkartoffel

2 Rote Bete

außerdem:
3 EL Sonnenblumenöl, Salz

Pro Portion: ca. 101 kcal, 1 g EW, 7 g F, 11 g KH
Zubereitung: ca. 20 Min. + Backzeit ca. 35 Min.

1. Backofen auf 220 °C (Umluft 200 °C) vorheizen. Drei Backbleche mit Backpapier auslegen. Kartoffeln und Rote Bete sauber bürsten, mit Küchenpapier trocken reiben und in ca. 3 Millimeter dünne Scheiben hobeln.

2. Kartoffel- und Rote-Bete-Scheiben separat in flachen Formen verteilen und mit je 1 Esslöffel Öl beträufeln. Die Scheiben darin wenden, bis sie von einem Ölfilm überzogen sind, dann die Scheiben einzeln auf den Blechen verteilen und mit Salz bestreuen.

3. Die Scheiben im vorgeheizten Backofen ca. 35 Minuten backen und dabei regelmäßig wenden. Die Kartoffel-Chips sollten knusprig und goldbraun, die Rote-Bete-Chips fest und trocken sein. Chips auf Kuchengittern abkühlen lassen und mit Dips nach Wahl servieren.

Asiatische

Hähnchen-Spieße

Zutaten für ca. 20 Stück

6 Hähnchen-
brustfilets

2-3 EL rote
Currypaste

3 EL flüssiger
Honig

6 EL Öl

6 EL Sojasoße

außerdem:
ca. 20 lange Holzspieße,
Sesam zum Bestreuen,
3 unbehandelte Limetten
nach Belieben

Pro Stück: ca. 71 kcal, 9 g EW, 3 g F, 2 g KH

Zubereitung: ca. 30 Min. + Ruhezeit ca. 1 Std. + Backzeit ca. 16 Min.

1. Hähnchenbrustfilets in mundgerechte Stücke schneiden und auf die Holzspieße stecken. Currypaste in eine kleine Schüssel geben und mit Honig, Öl und Sojasoße vermischen. Hähnchenbruststücke mit der Marinade einpinseln. Mindestens ca. 1 Stunde marinieren lassen.

2. Backofen auf 220 °C (Umluft: 200 °C) vorheizen. 2 Backbleche mit Backpapier auslegen. Hähnchen-Spieße auf dem Backpapier verteilen und im vorgeheizten Backofen von jeder Seite ca. 8 Minuten braten.

3. Hähnchen-Spieße herausnehmen und mit Sesam bestreuen. Nach Belieben Limetten gründlich waschen, trocken tupfen und in Spalten schneiden. Hähnchen-Spieße nach Belieben mit Limettenspalten servieren. Dazu Erdnuss-Dip (siehe S. 118) oder süße Chili-Soße (siehe S. 130) reichen.

Bruschetta

Zutaten für ca. 8 Portionen

10 Tomaten

2 rote Zwiebeln

4 Knoblauchzehen

½ Bund Basilikum

1 Ciabatta

außerdem:
Olivenöl, Salz,
frisch gemahlener
Pfeffer

Pro Portion: ca. 146 kcal, 4 g EW, 4 g F, 23 g KH
Zubereitung: ca. 15 Min. + Backzeit ca. 5 Min.

1. Tomaten waschen, halbieren, vom Stielansatz befreien und klein würfeln. Zwiebeln und Knoblauch schälen und fein hacken. Basilikum waschen, trocken schütteln und Blättchen abzupfen. Einige Blättchen zum Garnieren beiseitelegen und restliche Blättchen fein hacken.

2. Backofen auf 180 °C (Umluft: 160 °C) vorheizen. Tomaten, Zwiebeln und Knoblauch in eine Schüssel geben und vermischen. Mit Öl beträufeln und Basilikum untermischen. Mit Salz und Pfeffer abschmecken.

3. Ciabatta in Scheiben schneiden und mit etwas Öl beträufeln. Im vorgeheizten Backofen anrösten. Herausnehmen, mit Tomatenmischung belegen und mit Basilikum garnieren.

Wraps
mit Schinken und Käse

Zutaten für ca. 8 Portionen

½ Kopf Eisbergsalat

8 Weizen-tortillas

200 g saure Sahne

200 g gekochter Schinken

200 g Käse in Scheiben (z. B. Gouda)

Pro Portion: ca. 296 kcal, 14 g EW, 16 g F, 23 g KH
Zubereitung: ca. 10 Min.

1. Salat waschen und trocken schütteln. Jeweils 2 Salatblätter auf 1 Tortilla legen und etwas saure Sahne darauf verstreichen. Schinken darüberlegen, restliche saure Sahne daraufgeben und mit Käse belegen.

2. Tortillas zusammenrollen und mit einem scharfen Messer in ca. 5 Zentimeter breite Rollen schneiden. Wraps auf einer Servierplatte anrichten und mit einem Dip nach Wahl servieren.

Servieren Sie als Dip eine süße Chili-Soße (siehe S. 130), eine Salsa (siehe S. 124) oder eine Guacamole (siehe S. 116).

Hackbällchen

Zutaten für ca. 12 Portionen

1 kg gemischtes Hackfleisch

1 Bund Petersilie

2 Knoblauchzehen

2 Eier

100 g geriebener Parmesan

außerdem: Salz, frisch gemahlener Pfeffer, Öl

Pro Portion: ca. 252 kcal, 19 g EW, 20 g F, 0 g KH
Zubereitung: ca. 20 Min.

1. Hackfleisch in eine Schüssel geben. Petersilie waschen, trocken schütteln und Blätter fein hacken. Knoblauch schälen und fein hacken. Hackfleisch mit Petersilie, Knoblauch, Eiern und Parmesan vermischen und mit Salz und Pfeffer würzen. Alles zu einer geschmeidigen Masse verkneten und daraus kleine Bällchen formen.

2. Öl in einer Pfanne erhitzen und Hackfleischbällchen darin von allen Seiten knusprig braun braten. Herausnehmen und auf Küchenpapier abtropfen lassen.

Zu den Hackbällchen können Sie Senf, Barbecue-Soße (siehe S. 126), Bärlauch-Tsatsiki (siehe S. 120) oder auch Guacamole (siehe S. 116) reichen.

Suppen & Salate

Kürbis-Ingwer-Suppe

Zutaten für ca. 8 Portionen

2 Hokkaido-kürbisse

2 Knoblauch-zehen

2 Stück Ingwer (etwa daumengroß)

1 l Gemüsebrühe

2 Dosen Kokosmilch

außerdem:
Öl, Salz, frisch gemahlener Pfeffer, Currypulver, Petersilie und Kürbiskernöl zum Garnieren

Pro Portion: ca. 210 kcal, 4 g EW, 13 g F, 21 g KH
Zubereitung: ca. 1 Std.

1. Kürbisse waschen, halbieren und Kerne entfernen. Fruchtfleisch würfeln. Knoblauch schälen und fein hacken. Ingwer schälen und fein hacken.

2. Öl in einem großen Topf erhitzen und Knoblauch und Ingwer darin anrösten. Kürbiswürfel zugeben und kurz mitrösten. Brühe zugießen und alles ca. 20 Minuten gar köcheln lassen.

3. Topf vom Herd nehmen, Kokosmilch einrühren und Suppe mit einem Stabmixer pürieren. Mit Salz, Pfeffer und Curry abschmecken. Suppe bei geringer Hitze nochmals erwärmen. Kürbis-Ingwer-Suppe in Schälchen füllen und mit Petersilie und Kürbiskernöl garniert anrichten.

Chili-Gazpacho

Zutaten für ca. 8 Portionen

2 rote Chilischoten

2 Salatgurken

2 Zwiebeln

2 Knoblauch-
zehen

800 g stückige Tomaten
(aus der Dose)

außerdem:
2 EL Olivenöl,
Salz, frisch
gemahlener Pfeffer,
Oreganoblätter
zum Garnieren

Pro Portion: ca. 72 kcal, 2 g EW, 4 g F, 6 g KH
Zubereitung: ca. 20 Min.

1. Chilischoten waschen, entkernen und in Scheiben schneiden. Gurken und Zwiebeln putzen, schälen und würfeln. Knoblauch schälen und grob hacken.

2. Zwiebeln und Chili leicht in Olivenöl anbraten. Zusammen mit Gurken, Tomaten und Knoblauch im Mixer fein pürieren. Oregano waschen und trocken schütteln.

3. Gazpacho mit Salz und Pfeffer abschmecken und im Kühlschrank kalt stellen. Mit Oregano garniert in Gläsern servieren.

Bloody-Mary-Suppe

Zutaten für ca. 8 Portionen

1 große Zwiebel

3 EL Tomatenmark

2 Dosen Tomaten (ca. 850 ml)

2 l Gemüsebrühe

5 EL Wodka

außerdem:
2 EL Öl, Salz, frisch gemahlener Pfeffer, Zucker, Tabasco, Stangensellerie zum Garnieren

Pro Portion: ca. 116 kcal, 3 g EW, 5 g F, 12 g KH
Zubereitung: ca. 1 Std.

1. Zwiebel schälen und fein hacken. Öl in einem großen Topf erhitzen und Zwiebel darin andünsten. Tomatenmark zufügen und unter Rühren kurz mitdünsten. Tomaten mit Saft zufügen und mit dem Stabmixer fein pürieren. Gemüsebrühe zugießen und zugedeckt aufkochen. Deckel abnehmen und Suppe ca. 40 Minuten offen köcheln lassen.

2. Wodka einrühren und Suppe mit Salz, Pfeffer, Zucker und Tabasco abschmecken. Stangensellerie putzen, waschen und in kurze Stangen schneiden. Suppe im Kühlschrank kalt stellten. Zum Servieren Bloody-Mary-Suppe in Gläser füllen und mit Selleriestangen anrichten.

Kalte

Gurken-Suppe

Zutaten für ca. 6 Portionen

2 kleine Salatgurken

3 Stängel Minze

2 Knoblauchzehen

750 g Naturjoghurt

außerdem:
Salz, 3 EL Olivenöl, frisch gemahlener weißer Pfeffer, Eiswürfel

Pro Portion: ca. 170 kcal, 7 g EW, 11 g F, 9 g KH
Zubereitung: ca. 30 Min. + Ruhezeit ca. 2 Std. 20 Min.

1. Gurken waschen, putzen, einige Scheiben abschneiden und zum Garnieren beiseitestellen. Rest schälen und in ein Küchensieb raspeln. Mit 1 Teelöffel Salz vermischen und ca. 20 Minuten ruhen lassen. Gurken entwässern und in eine große Schüssel geben. Minze waschen, trocken schütteln und Blättchen abzupfen. Einige Blättchen zum Garnieren beiseitestellen, restliche Blättchen fein hacken.

2. Knoblauch schälen und fein hacken. Gurkenraspel mit Knoblauch, Joghurt, gehackter Minze und Öl vermischen. Nach Belieben mit dem Stabmixer pürieren. Abgedeckt mindestens ca. 2 Stunden im Kühlschrank kalt stellen.

3. Kurz vor dem Servieren nach und nach ca. 250 Milliliter eiskaltes Wasser einrühren, bis die Suppe cremig wird. Mit Salz und Pfeffer abschmecken. Kalte Gurken-Suppe in Gläser oder Schüsseln füllen und mit Gurkenscheiben und Minzblättern garniert servieren.

Zucchini-Suppe

Zutaten für ca. 10 Portionen

6 kleine Zucchini

2 Zwiebeln

6 Knoblauchzehen

2 l Gemüsebrühe

400 g Sahne und etwas Sahne zum Garnieren

außerdem:
4 EL Öl, Salz, frisch gemahlener Pfeffer

Pro Portion: ca. 200 kcal, 5 g EW, 19 g F, 6 g KH

Zubereitung: ca. 30 Min.

1. Zucchini waschen, putzen und in Scheiben schneiden. Zwiebeln und Knoblauch schälen und fein hacken. Öl in einem Topf erhitzen und Zwiebeln und Knoblauch darin andünsten. Zucchinischeiben zugeben und kurz mitdünsten.

2. Gemüsebrühe zugießen und alles ca. 15 Minuten garen. Mit dem Stabmixer pürieren. Sahne einrühren und Suppe mit Salz und Pfeffer abschmecken. Zucchini-Suppe in Tassen oder Schälchen füllen und mit etwas Sahne garnieren.

Tabouleh

Zutaten für ca. 8 Portionen

300 g Bulgur

2 Salatgurken

6 große Tomaten

1 Bund glatte Petersilie

1 Bund Minze

außerdem:
5 EL Zitronensaft,
5 EL Olivenöl, Salz
frisch gemahlener
Pfeffer, ½ TL gemahlener Kreuzkümmel

Pro Portion: ca. 238 kcal, 5 g EW, 9 g F, 29 g KH
Zubereitung: ca. 15 Min. + Ruhezeit ca. 30 Min.

1. Bulgur in eine Schüssel geben und mit reichlich kochendem Wasser übergießen. Ca. 30 Minuten quellen lassen. Über einem Sieb abgießen und abkühlen lassen.

2. Gurken putzen, waschen, entkernen und klein würfeln. Tomaten waschen, halbieren, vom Stielansatz befreien und würfeln. Petersilie und Minze waschen, trocken schütteln und Blätter grob hacken.

3. Bulgur in eine große Schüssel geben und mit Gurken, Tomaten, Minze und Petersilie vermischen. Aus Zitronensaft, Olivenöl, Salz, Pfeffer und Kreuzkümmel ein Dressing zubereiten und kurz vor dem Servieren mit Bulgur und Gemüse vermischen.

Italienische Caprese

mit Pasta und Pesto

Zutaten für ca. 8 Portionen

500 g
Farfalle

4 Tomaten

250 g Mini-
Mozzarella

½ Bund
Basilikum

200 g
grünes Pesto

außerdem:
Salz, frisch
gemahlener Pfeffer

Pro Portion: ca. 433 kcal, 15 g EW, 20 g F, 48 g KH
Zubereitung: ca. 20 Min.

1. Nudeln nach Packungsanweisung in Salzwasser al dente kochen, abgießen und abkühlen lassen. Tomaten waschen, halbieren, vom Stielansatz befreien und in Stücke schneiden.

2. Mini-Mozzarella abgießen und nach Belieben halbieren. Basilikum waschen, trocken schütteln und Blätter abzupfen. Die etwas abgekühlten Nudeln mit Pesto vermischen. Tomaten, Mozzarella und Basilikum unterheben. Nach Geschmack mit Salz und Pfeffer abschmecken.

Mexikanischer
Quinoa-Salat

Zutaten für ca. 8 Portionen

300 g Quinoa

2 Dosen schwarze Bohnen

2 Dosen Mais

2 rote Zwiebeln

2 Avocados

außerdem:
5 EL Zitronensaft,
4 Stängel Koriander zum Garnieren,
3 EL Öl, Salz, frisch gemahlener Pfeffer

Pro Portion: ca. 340 kcal, 9 g EW, 14 g F, 37 g KH
Zubereitung: ca. 35 Min.

1. Quinoa in ein Sieb geben und unter fließendem, warmem Wasser gründlich waschen. In einen Topf geben, 800 Milliliter Wasser zugießen und zum Kochen bringen. Hitze reduzieren und abgedeckt ca. 10–15 Minuten köcheln lassen, bis das Wasser verdampft ist. Beiseitestellen und abkühlen lassen.

2. Bohnen über einem Sieb abspülen und abtropfen lassen. Mais über einem Sieb abtropfen lassen. Zwiebeln schälen und fein hacken. Avocados halbieren und entkernen. Fruchtfleisch mit einem Löffel entnehmen und klein würfeln. Mit 1 Esslöffel Zitronensaft beträufeln. Koriander waschen, trocken schütteln und Blätter von den Stielen zupfen. Koriander grob hacken.

3. Quinoa mit Bohnen, Mais und Zwiebeln vermischen. Avocadowürfel unterheben. Dressing aus Öl, restlichem Zitronensaft, Salz und Pfeffer zubereiten und mit dem Salat vermischen. Mexikanischen Quinoa-Salat mit Koriander garnieren.

Orangen-Grapefruit-Salat

mit schwarzen Oliven

Zutaten für ca. 10 Portionen

6 Orangen

2 rosa Grapefruits und Saft von 1 Grapefruit

120 g schwarze Oliven

außerdem:
Salz, 1 EL rote Pfefferkörner, 1 TL Honig, 3 EL Olivenöl

Pro Portion: ca. 158 kcal, 2 g EW, 7 g F, 18 g KH
Zubereitung: ca. 25 Min.

1. Orangen und Grapefruits so schälen, dass die weiße Haut mit entfernt wird. Beides in Stücke schneiden. Oliven nach Belieben klein schneiden. Orangen, Grapefruits und Oliven in eine Schüssel geben.

2. Grapefruitsaft in einer weiteren Schüssel mit Salz, zerstoßenem Pfeffer und Honig verrühren. Olivenöl in einem dünnen Strahl zugeben und unterrühren.

3. Dressing über den Salat geben und alles vorsichtig vermischen. Salat auf Tellern anrichten und servieren.

Der Salat kann mit Kräutern und essbaren Blüten verfeinert werden.

Sommersalat
mit Erdbeeren

Zutaten für ca. 8 Portionen

100 g Pinienkerne

500 g Erdbeeren

600 g Blattspinat

100 g Walnüsse

250 g Gorgonzola

außerdem:
6 EL dunkler Balsamico,
2 TL Honig, 4 EL Olivenöl,
Salz, frisch gemahlener
Pfeffer

Pro Portion: ca. 396 kcal, 13 g EW, 33 g F, 10 g KH
Zubereitung: ca. 20 Min.

1. Pinienkerne in einer Pfanne ohne Fett anrösten. Auskühlen lassen. Erdbeeren waschen, putzen, trocken tupfen und halbieren. Spinat waschen und trocken schütteln. Walnüsse grob hacken.

2. Aus Balsamico, Honig, Öl, Salz und Pfeffer ein Dressing zubereiten.

3. Spinat, Erdbeeren, Pinienkerne und Walnüsse in einer großen Schüssel oder auf Tellern schichtweise anrichten. Gorgonzola darüberbröckeln und alles mit Dressing beträufeln.

Kartoffelsalat
mit Bacon

Zutaten für ca. 8 Portionen

1,2 kg kleine Kartoffeln

250 g Bacon

½ Bund Basilikum

150 g Mayonnaise

150 ml Milch

außerdem:
Salz, frisch gemahlener Pfeffer

Pro Portion: ca. 359 kcal, 9 g EW, 24 g F, 25 g KH
Zubereitung: ca. 55 Min.

1. Kartoffeln waschen und als Pellkartoffeln in ca. 15–20 Minuten in ausreichend Salzwasser gar kochen. Bacon klein schneiden und in einer Pfanne ohne Fett knusprig braten. Basilikum waschen, trocken schütteln, Blättchen abzupfen und in feine Streifen schneiden. Einige Blättchen zum Garnieren beiseitelegen.

2. Pellkartoffeln abgießen, etwas auskühlen lassen, pellen, in Scheiben schneiden und in eine große Schüssel geben. Mayonnaise in eine Schüssel geben, Milch zugießen und mit dem Schneebesen glatt rühren. Mit den Kartoffeln vermischen. Bacon und Basilikumstreifen vorsichtig unterheben. Kartoffelsalat mit Salz und Pfeffer abschmecken und mit Basilikumblättchen garnieren.

Amerikanischer

Coleslaw

Zutaten für ca. 6 Portionen

1,4 kg Weißkohl

2 große Möhren

1 Zwiebel

150 g saure Sahne

6 EL Mayonnaise

außerdem:
4 EL Weißweinessig,
2 TL Salz, 1 TL frisch gemahlener Pfeffer,
1 EL Zucker

Pro Portion: ca. 238 kcal, 5 g EW, 17 g F, 16 g KH

Zubereitung: ca. 30 Min. + Kühlzeit ca. 4 Std.

1. Weißkohl und Möhren putzen bzw. schälen, waschen und in dünne Streifen schneiden oder hobeln. Zwiebel schälen und fein hacken. Gemüse in eine große Schüssel geben, mit den Händen mischen und gut durchkneten.

2. Saure Sahne in eine Schüssel geben und mit Mayonnaise, Essig, Salz, Pfeffer und Zucker verrühren. Über die Weißkohlmischung gießen und alles gut vermischen. Coleslaw abgedeckt im Kühlschrank mindestens 4 Stunden kalt stellen. Vor dem Anrichten nochmals mit Salz, Pfeffer und Essig abschmecken.

Tortellini-Salat
mit Rauke und Parmesan

Zutaten für ca. 8 Portionen

1 kg Tortellini mit Käsefüllung

200 g Cocktail-tomaten

200 g Rauke

200 g Parmesan

außerdem:
Salz, 8 EL dunkler Balsamico, 3 EL Olivenöl, frisch gemahlener Pfeffer, 1 Prise Zucker

Pro Portion: ca. 479 kcal, 24 g EW, 23 g F, 41 g KH
Zubereitung: ca. 30 Min.

1. Tortellini nach Packungsanweisung in Salzwasser zubereiten. Abkühlen lassen. Tomaten waschen, halbieren oder vierteln und vom Stielansatz befreien. Rauke waschen, trocken schütteln und grob hacken. Parmesan in feine Streifen reiben.

2. Tortellini in eine Schüssel geben und mit Tomaten und Rauke vermischen. Für das Dressing Balsamico, Öl, Salz, Pfeffer und Zucker verrühren und mit dem Salat vermischen. Tortellini-Salat anrichten und mit Parmesanstreifen bestreut servieren.

Gebäck, Kuchen & Desserts

Exotischer Obstsalat

in Pitahayaschalen

Zutaten für 8 Portionen

1 große Papaya

4 Pitahayas

1 Baby-Ananas

außerdem:
Saft von 1 Zitrone, Honig nach Belieben

Pro Portion: ca. 159 kcal, 3 g EW, 1 g F, 32 g KH
Zubereitung: ca. 30 Min.

1. Papaya schälen, von Kernen befreien und klein würfeln. Pitahayas der Länge nach halbieren, Fruchtfleisch mit einem Messer längs und quer einschneiden und Würfel herausnehmen. Mit Papayawürfeln in eine Schüssel geben.

2. Ananas schälen, vierteln, Strunk entfernen und Fruchtfleisch würfeln. Mit Zitronensaft zu den anderen Früchten geben und alles vorsichtig vermischen. Nach Belieben mit Honig abschmecken und Salat in den ausgehöhlten Pitahayaschalen angerichtet servieren.

Viele gut sortierte Supermärkte und Märkte, die auf Feinkost ausgerichtet sind, führen exotische Südfrüchte wie die Pitahaya in ihrem Sortiment.

Schokomousse
mit Granatapfel

Zutaten für ca. 8 Portionen

200 g Zartbitter-schokolade

2 EL Butter

400 g Sahne

2 Granatäpfel

Pro Portion: ca. 341 kcal, 3 g EW, 27 g F, 19 g KH
Zubereitung: ca. 20 Min. + Kühlzeit ca. 30 Min.

1. Schokolade in Stücke hacken und mit Butter im Wasserbad schmelzen. Sahne steif schlagen. Granatäpfel durchschneiden und Kerne in einer großen Schüssel mit Wasser aus der Schale lösen. Darauf achten, dass die weißen Häutchen mit entfernt werden. Granatapfelkerne abtropfen lassen.

2. Schoko-Butter-Masse vorsichtig in die Sahne rühren. Abwechselnd Granatapfelkerne und Mousse in Gläser schichten, mit Granatapfelkernen abschließen. Mindestens 30 Minuten kalt stellen und gut gekühlt servieren.

Kokos-Dattel-Pralinen

Zutaten für ca. 30 Stück

200 g
Datteln

200 ml
Kokoswasser

4 EL
Kakaopulver

200 g
Kokosraspel

Pro Stück: ca. 72 kcal, 1 g EW, 5 g F, 5 g KH
Zubereitung: ca. 20 Min. + Kühlzeit ca. 1 Std.

1. Datteln entkernen und grob zerkleinern. Zusammen mit Kokoswasser im Mixer zu einer sämigen Paste verarbeiten. Kakaopulver untermischen. 10–12 Esslöffel Kokosraspel nach und nach zufügen und so lange vermengen, bis eine formbare Masse entsteht.

2. Aus der Masse Kugeln formen und in restlichen Kokosraspeln wälzen. In den Kühlschrank stellen, bis sie ausreichend fest geworden sind, und servieren.

Blitz-Brownie

Zutaten für ca. 9 Portionen

350 g Nuss-Nugat-Creme

4 Eier

außerdem:
Puderzucker zum Bestäuben

Pro Portion: ca. 256 kcal, 5 g EW, 14 g F, 26 g KH
Zubereitung: ca. 10 Min. + Backzeit ca. 30 Min.

1. Backofen auf 175 °C (Umluft: 155 °C) vorheizen. Quadratische Springform oder Auflaufform mit Backpapier auslegen. Nuss-Nugat-Creme über einem Wasserbad oder in der Mikrowelle schmelzen.

2. Eier in eine Schüssel geben und mit dem Handrührgerät cremig aufschlagen. Geschmolzene Nuss-Nugat-Creme zugeben und vorsichtig unterrühren.

3. Teig in die Backform geben und im vorgeheizten Backofen ca. 25–30 Minuten backen. Brownie auf einem Kuchenrost abkühlen lassen, in Stücke schneiden und mit Puderzucker bestäuben.

Maracujasorbet

Zutaten für ca. 8 Portionen

500 ml Maracuja-saft

150 g Zucker

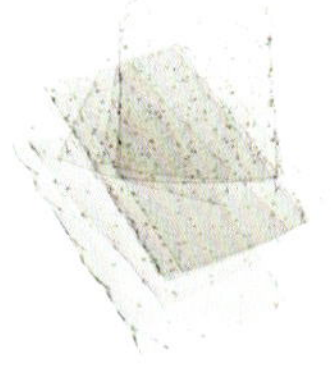

2 Blatt weiße Gelatine

4 Maracuja-früchte

Pro Portion: ca. 125 kcal, 1 g EW, 0 g F, 29 g KH
Zubereitung: ca. 15 Min. + Gefrierzeit ca. 1 Std.

1. Maracujasaft mit Zucker aufkochen. Gelatine in kaltem Wasser einweichen, ausdrücken und im Saft auflösen (nicht kochen).

2. Abkühlen lassen und in einer Eismaschine gefrieren lassen. Alternativ in eine Schüssel geben, ins Gefrierfach stellen und ca. alle 20 Minuten mit einer Gabel durchrühren, bis die Masse gefroren ist.

3. Maracujafrüchte halbieren und Fruchtfleisch mit einem Löffel aus der Schale lösen. Maracujafruchtfleisch auf Gläser aufteilen und Sorbet daraufsetzen. Sofort servieren.

Süße
Blätterteig-Twists

Zutaten für ca. 30 Stück

2 Pck. Blätterteig
(aus dem Kühlregal)

100 g Himbeer-
marmelade

100 g Brombeer-
marmelade

1 Ei

außerdem:
Puderzucker zum Bestäuben

Pro Stück: ca. 90 kcal, 1 g EW, 4 g F, 11 g KH
Zubereitung: ca. 15 Min. + Backzeit ca. 20 Min.

1. Backofen auf 200 °C (Umluft: 180 °C) vorheizen. Backblech mit Backpapier auslegen. Blätterteig ausrollen und längs halbieren. Eine Hälfte mit Himbeermarmelade bestreichen, die andere Hälfte darauflegen. Mit dem zweiten Blätterteig ebenso verfahren, dabei Brombeermarmelade verwenden.

2. Blätterteig in ca. 1,5–2 Zentimeter breite Streifen schneiden. Streifen an beiden Enden festhalten und ein Ende in eine Richtung drehen, das andere Ende in die andere Richtung.

3. Blätterteig-Twists auf das Backpapier legen. Ei verschlagen und Twists damit bestreichen. Im vorgeheizten Backofen ca. 15–20 Minuten backen. Abkühlen lassen und mit Puderzucker bestäubt servieren.

Schoko-Fudge

mit Pistazien

Zutaten für ca. 60 Stück

150 g Zartbitter-kuvertüre

150 g Vollmilch-kuvertüre

1 kleine Dose gesüßte Kondensmilch (400 ml)

1 Pck. Vanillezucker

100 g gehackte Pistazien

Pro Stück: ca. 61 kcal, 1 g EW, 3 g F, 7 g KH

Zubereitung: ca. 20 Min. + Ruhezeit ca. 12 Std.

1. Beide Arten Kuvertüre fein hacken. Kondensmilch in einem Topf erhitzen und Kuvertüre darin unter Rühren vollständig schmelzen lassen. Vanillezucker und Pistazien unterrühren.

2. Eine rechteckige oder quadratische Form mit Frischhaltefolie oder einem aufgeschnittenen Gefrierbeutel auslegen und Masse darauf verteilen. Zügig glatt streichen. Über Nacht in den Kühlschrank stellen.

3. Schoko-Fudge aus der Form lösen, Folie abziehen, Schoko-Fudge in Würfel schneiden und servieren.

Die leckere Süßigkeit ist auch ein prima Gastgeschenk: Dazu z. B. einzeln in Papier wickeln und mit einer edlen Schnur verschließen.

Mini-Pannacotta

Zutaten für ca. 15 Stück

2 Vanilleschoten

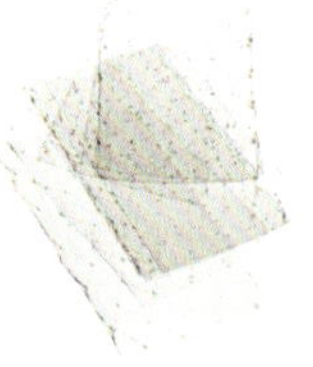

6 Blatt weiße Gelatine

500 ml Milch

500 g Sahne

50 g Zucker

Pro Stück: ca. 135 kcal, 3 g EW, 11 g F, 6 g KH
Zubereitung: ca. 20 Min. + Kühlzeit ca. 1 Std.

1. Vanilleschoten längs halbieren und Mark herauskratzen. Gelatine in kaltem Wasser einweichen. Milch, Sahne, Zucker, ausgekratztes Vanillemark und Vanilleschoten in einen Topf geben und zum Köcheln bringen. Topf vom Herd nehmen und Vanilleschoten entfernen.

2. Gelatine gut ausdrücken und in den Topf geben. Rühren, bis die Gelatine sich aufgelöst hat. Eine Silikonform für 15 Mini-Gugelhupfe mit der Pannacotta füllen und abkühlen lassen. Mindestens 1 Stunde kalt stellen und servieren.

Japanischer Käsekuchen

Zutaten für ca. 6 Portionen

3 Eier

120 g weiße Schokolade

120 g Frischkäse

außerdem:
Fett für die Form, Puderzucker zum Bestäuben, Erdbeeren zum Garnieren

Pro Portion: ca. 227 kcal, 5 g EW, 15 g F, 19 g KH
Zubereitung: ca. 15 Min. + Backzeit ca. 30 Min.

1. Backofen auf 170 °C (Umluft: 150 °C) vorheizen. Springform (ca. 20 Zentimeter Durchmesser) mit Fett ausstreichen. Eier trennen und Eiweiße steif schlagen. Schokolade in kleine Stücke brechen und über einem Wasserbad schmelzen. Geschmolzene Schokolade mit Frischkäse cremig rühren. Eigelbe unterrühren und Eischnee vorsichtig unter die Masse heben. Teig in die Springform füllen. Springform auf ein tiefes Backblech stellen und Backblech mit Wasser füllen.

2. Im vorgeheizten Backofen ca. 15 Minuten backen. Temperatur auf 160 °C (Umluft: 140 °C) reduzieren und Käsekuchen weitere ca. 15 Minuten backen. Herd ausschalten und Käsekuchen im ausgeschalteten Backofen weitere ca. 15 Minuten ruhen lassen. Japanischen Käsekuchen herausnehmen und auf einem Kuchenrost auskühlen lassen. Zum Servieren mit Puderzucker bestäuben und mit gewaschenen, trocken getupften und halbierten Erdbeeren garnieren.

Blätterteig-Tartes
mit Ziegenkäse

Zutaten für ca. 12 Stück

3 große rote Zwiebeln

60 g Butter

2 Pck. Blätterteig (aus dem Kühlregal)

200 g Ziegenkäserolle

80 g Pinienkerne

außerdem:
2 EL Zucker,
4 Stängel Thymian zum Garnieren

Pro Stück: ca. 320 kcal, 7 g EW, 23 g F, 21 g KH
Zubereitung: ca. 30 Min. + Backzeit ca. 20 Min.

1. Zwiebeln schälen und in Ringe schneiden. Butter in einer Pfanne erhitzen. Zwiebeln bei mittlerer Hitze braun braten, dabei häufig wenden. Zucker unterrühren und Zwiebeln ca. 2 Minuten unter Rühren karamellisieren. Abkühlen lassen.

2. Backofen auf 200 °C (Umluft: 180 °C) vorheizen. Blätterteige etwas ausrollen, in jeweils 6 gleich große Vierecke schneiden und auf ein mit Backpapier belegtes Backblech legen. Ziegenkäserolle in 12 Scheiben schneiden.

3. Karamellisierte Zwiebeln gleichmäßig auf dem Blätterteig verteilen. Je 1 Scheibe Ziegenkäse auf die Zwiebeln legen. Tartes im vorgeheizten Backofen ca. 20 Minuten backen, bis der Teig goldbraun und knusprig ist. Thymian waschen, trocken schütteln und die Blättchen abstreifen. Vor dem Servieren die Tartes mit Pinienkernen und Thymian bestreuen.

Haselnusskuchen

Zutaten für ca. 12 Portionen

10 Eier

200 g Zucker

400 g gemahlene Haselnüsse

außerdem:
etwas Fett für die Form, Puderzucker zum Bestäuben nach Belieben

Pro Portion: ca. 355 kcal, 10 g EW, 25 g F, 20 g KH
Zubereitung: ca. 10 Min. + Backzeit ca. 40 Min.

1. Backofen auf 170 °C (Umluft: 150 °C) vorheizen. Eier und Zucker in eine Schüssel geben und mit dem Handrührgerät cremig aufschlagen. Gemahlene Haselnüsse zugeben und alles gut verrühren.

2. Springform (ca. 26 Zentimeter Durchmesser) einfetten. Teig in die Backform füllen und im vorgeheizten Backofen ca. 40 Minuten backen. Abkühlen lassen und nach Belieben mit Puderzucker bestäubt servieren.

Mohn-Hefe-Blume

Zutaten für ca. 12 Portionen

180 g Butter

180 g Zucker

250 g Mohn

1 Würfel Hefe

800 g Mehl und etwas Mehl für die Arbeitsfläche

außerdem:
1 Prise Salz,
1 Eigelb zum Bestreichen

Pro Portion: ca. 514 kcal, 13 g EW, 22 g F, 64 g KH
Zubereitung: ca. 40 Min. + Ruhezeit ca. 50 Min. + Backzeit ca. 30 Min.

1. 80 Gramm Butter mit 80 Gramm Zucker und Mohn aufkochen. Hefe in etwas Wasser auflösen. 1 Esslöffel Zucker zugeben. Zum Mehl geben und mit 400 Milliliter Wasser, übrigem Zucker, übriger Butter und Salz verkneten. Ca. 30 Minuten gehen lassen. Teig in 3 Teile teilen und zu Kreisen ausrollen. Auf ein mit Backpapier ausgelegtes Blech legen und mit Mohnfüllung bestreichen. Darauf folgt wieder ein Teigkreis und Füllung. Letzten Kreis darauflegen und festdrücken.

2. Den Rand eines Glases mittig in den Teig drücken und Teig in 16 Stücke teilen, dabei nur bis zum Rand der Kreismarkierung schneiden. Zwei nebeneinanderliegende Teigsegmente nehmen und zweimal voneinander weg um die eigene Achse drehen. Enden der beiden Segmente zusammendrücken, sodass eine Spitze entsteht. Mit allen Teigsegmenten so verfahren. Ca. 20 Minuten ruhen lassen. Backofen auf 180 °C (Umluft: 160 °C) vorheizen. Eigelb verquirlen und Mohn-Blume damit bestreichen. Im vorgeheizten Backofen ca. 30 Minuten goldbraun backen.

Schinken-Käse-Stangen

Zutaten für ca. 40 Stück

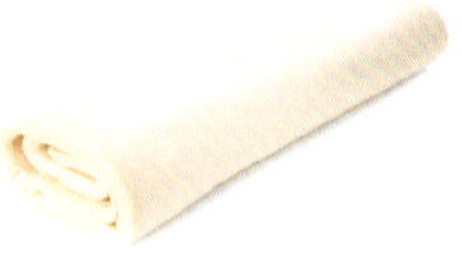

2 Pck. Blätterteig (aus dem Kühlregal)

2 Eier

2 EL Milch

150 g geriebener Käse

150 g roher Schinken

außerdem:
etwas Mehl für die Arbeitsfläche, Paprikapulver, frisch gemahlener Pfeffer

Pro Stück: ca. 74 kcal, 3 g EW, 5 g F, 5 g KH

Zubereitung: ca. 25 Min. + Backzeit ca. 15 Min.

1. Beide Packungen Blätterteig auf bemehlter Arbeitsfläche zu jeweils einem Rechteck (ca. 20 x 40 Zentimeter) ausrollen. Backofen auf 200 °C (Umluft: 180 °C) vorheizen. Eier trennen. Eigelbe mit Milch verschlagen und einen Teig mit etwas davon bestreichen (Eiweiße anderweitig verwenden).

2. Ein Blätterteigrechteck mit Käse und Schinken belegen. Mit Paprikapulver und Pfeffer würzen. Anderen Blätterteig darüberlegen und andrücken. Alles längs halbieren und in Streifen schneiden. Spiralförmig drehen und auf mit Backpapier ausgelegte Backbleche legen. Mit restlicher Eigelbmilch bestreichen und ca. 15 Minuten im vorgeheizten Ofen backen.

Pull-Apart-Brot

Zutaten für ca. 8 Portionen

1 Laib Brot (z. B. Vollkornbrot, Weißbrot)

200 g Käse (z. B. Gouda, Emmentaler)

3 Knoblauchzehen

80 ml Olivenöl

außerdem:
Salz, frisch gemahlener Pfeffer, etwas Petersilie zum Garnieren

Pro Portion: ca. 377 kcal, 12 g EW, 19 g F, 33 g KH
Zubereitung: ca. 15 Min. + Backzeit ca. 20 Min.

1. Backofen auf 200 °C (Umluft: 180 °C) vorheizen. Backblech mit Backpapier auslegen. Mit einem scharfen Messer ein Rauten- bzw. Schachbrettmuster in das Brot schneiden. Dabei das Brot nicht komplett durchschneiden. Käse in kleine Stücke zupfen. Brot vorsichtig etwas auseinanderziehen und Käsestücke in die Zwischenräume füllen.

2. Knoblauch schälen und fein hacken. Öl in einem kleinen Topf erhitzen und Knoblauch darin andünsten. Mit Salz und Pfeffer würzen. Etwas abkühlen lassen. Brot auf das Backpapier legen und die Oberseite mit Knoblauchöl bestreichen. Im vorgeheizten Backofen ca. 20 Minuten backen. Pull-Apart-Brot mit etwas Petersilie bestreuen und servieren.

Rosmarin-Cracker

Zutaten für ca. 40 Stück

260 g Mehl

2 Zweige Rosmarin

30 g schwarzer Sesam

100 g Sahne

60 ml Olivenöl

außerdem:
1 TL Salz,
grobes Meersalz
zum Bestreuen

Pro Stück: ca. 47 kcal, 1 g EW, 3 g F, 5 g KH
Zubereitung: ca. 20 Min. + Backzeit ca. 15 Min.

1. Backofen auf 180 °C (Umluft: 160 °C) vorheizen. Mehl in eine Schüssel sieben und mit Salz vermischen. Rosmarin waschen, trocken schütteln, Nadeln abstreifen und fein hacken. Rosmarin und Sesam zur Mehlmischung geben und vermischen. Sahne und Öl zufügen und alles zu einem glatten Teig verkneten.

2. Teig zwischen 2 Bogen Backpapier dünn ausrollen. Teig in rechteckige Stücke schneiden und mit Wasser bestreichen. Mit etwas grobem Meersalz bestreuen.

3. Teigstücke mit dem Backpapier auf ein Backblech ziehen und im vorgeheizten Backofen ca. 15 Minuten goldgelb backen.

Pizza-Zupfbrot

Zutaten für ca. 6 Portionen

500 g Mehl und etwas Mehl für die Arbeitsfläche

½ Würfel Hefe

2 Knoblauchzehen

200 g Tomatenmark

150 g geriebener Parmesan

außerdem:
1 TL Salz,
1 EL Zucker,
2 EL Olivenöl
und etwas Öl
für die Form

Pro Portion: ca. 474 kcal, 20 g EW, 12 g F, 70 g KH

Zubereitung: ca. 45 Min. + Ruhezeit ca. 1 Std. + Backzeit ca. 50 Min.

1. Mehl in eine Schüssel sieben und mit Salz und Zucker vermischen. Hefe in 330 Milliliter lauwarmem Wasser auflösen und Hefewasser zur Mehlmischung gießen. Mit den Knethaken des Handrührgerätes zu einem glatten Teig verkneten. Teig abgedeckt an einem warmen Ort ca. 1 Stunde ruhen lassen.

2. Knoblauch schälen und fein hacken. Teig auf eine bemehlte Arbeitsfläche legen, kurz durchkneten und zu einem Rechteck ausrollen. Teigplatte mit Tomatenmark bestreichen und mit geriebenem Käse und Knoblauch bestreuen. In kleine Rechtecke (ca. 8 x 10 Zentimeter) schneiden.

3. Backofen auf 200 °C (Umluft: 180 °C) vorheizen. Kastenform mit Öl ausstreichen und Teigstücke aufrecht hineinstellen. Mit Öl beträufeln und Pizza-Zupfbrot im vorgeheizten Backofen ca. 45–50 Minuten backen. Nach ca. 15 Minuten Backzeit mit Alufolie abdecken.

Dips & Soßen

Rote-Bete-Hummus

Zutaten für ca. 8 Portionen

4 kleine
Rote Bete

4 Knoblauchzehen

2 unbehandelte
Zitronen

700 g gekochte
Kichererbsen

4 EL
Tahin

außerdem:
Salz, 3 EL Olivenöl,
1 TL Kreuzkümmel,
1 TL gehackte Petersilie zum Garnieren

Pro Portion: ca. 207 kcal, 7 g EW, 10 g F, 17 g KH
Zubereitung: ca. 20 Min. + Backzeit ca. 30 Min.

1. Backofen auf 200 °C (Umluft: 180 °C) vorheizen. Backblech mit Backpapier auslegen. Rote Bete schälen und in ca. 3 Zentimeter große Würfel schneiden. Rote-Bete-Würfel auf das Backpapier geben und mit 1 Prise Salz bestreuen. Im vorgeheizten Backofen ca. 30 Minuten rösten.

2. Knoblauch schälen. 1 Zitrone unter fließendem heißem Wasser gründlich waschen, trocken tupfen und Zesten abziehen. Zitronen auspressen. Einige Kichererbsen zum Garnieren beiseitestellen.

3. Rote-Bete-Würfel, Knoblauch, Zitronensaft, Zitronenzesten, Kichererbsen, Tahin und 2 Esslöffel Olivenöl in einen Mixer geben und fein pürieren. Mit 1 Teelöffel Salz und Kreuzkümmel abschmecken und nochmals kurz pürieren. Rote-Bete-Hummus in einem Schälchen anrichten und mit restlichem Öl, Kichererbsen und gehackter Petersilie garnieren.

Käse-Dip

Zutaten für ca. 8 Portionen

90 g milde grüne Peperoni

1 kleine Chilischote

300 ml Milch

200 g geriebener Gouda

150 g Schmelzkäse

außerdem:
1 EL Speisestärke

Pro Portion: ca. 177 kcal, 9 g EW, 14 g F, 3 g KH
Zubereitung: ca. 25 Min.

1. Peperoni und Chilischote waschen, halbieren, entkernen und fein hacken. Einen Teil der Chilischote zum Garnieren beiseitestellen. 285 Milliliter Milch in einem Topf erwärmen. Gouda in die Milch geben und unter Rühren darin auflösen. Schmelzkäse zufügen und unter Rühren ebenfalls auflösen. Chili und Peperoni zugeben und kurz aufkochen.

2. Speisestärke mit restlicher Milch anrühren und einrühren. Köcheln lassen, bis die gewünschte Konsistenz erreicht ist, und auf Schälchen bzw. Gläser verteilt anrichten. Mit beiseitegestellter klein geschnittener Chilischote garniert servieren.

Guacamole

Zutaten für ca. 8 Portionen

4 reife Avocados

3 Limetten

1 große rote Zwiebel

4 Knoblauchzehen

3 Tomaten

außerdem:
Salz, frisch gemahlener Pfeffer, Kreuzkümmelpulver nach Belieben, Cayennepfeffer nach Belieben

Pro Portion: ca. 210 kcal, 2 g EW, 15 g F, 5 g KH
Zubereitung: ca. 10 Min.

1. Avocados halbieren und entkernen. Fruchtfleisch mit einem Löffel entnehmen und mit einer Gabel fein zerdrücken. Avocadomus in eine Schüssel geben. Limetten auspressen und Saft mit Avocadomus vermischen.

2. Zwiebel und Knoblauch schälen und fein hacken. Tomaten waschen, halbieren, vom Stielansatz befreien und klein würfeln. Zwiebel, Knoblauch und Tomaten zum Avocadomus geben und alles gut vermischen.

3. Guacamole mit Salz und Pfeffer abschmecken. Nach Belieben mit Kreuzkümmel und Cayennepfeffer verfeinern.

Würziger

Erdnuss-Dip

Zutaten für ca. 6 Portionen

8 EL Erdnussbutter (cremig oder crunchy)

5 EL Sojasoße

3 EL Honig

2 kleine Knoblauchzehen

1 TL Sambal Oelek

Pro Portion: ca. 171 kcal, 7 g EW, 10 g F, 10 g KH

Zubereitung: ca. 10 Min.

1. Erdnussbutter in eine Schüssel geben und mit Sojasoße und Honig verrühren. Knoblauch schälen und fein hacken. Knoblauch und Sambal Oelek unterrühren. Nach und nach ca. 10 Esslöffel Wasser unterrühren, bis der Dip die gewünschte Konsistenz hat.

Der würzige Erdnuss-Dip passt bestens zu den asiatischen Hähnchen-Spießen (siehe S. 40) oder den Sommerrollen mit Garnelen (siehe S. 28).

Bärlauch-Tsatsiki

Zutaten für ca. 8 Portionen

1 Zitrone

2 Salatgurken

100 g Bärlauch

500 g Magerquark

300 g griechischer Joghurt

außerdem:
Salz, 2 EL Olivenöl, frisch gemahlener Pfeffer

Pro Portion: ca. 124 kcal, 9 g EW, 7 g F, 5 g KH
Zubereitung: ca. 10 Min. + Ruhezeit ca. 10 Min.

1. Zitrone auspressen. Salatgurken waschen und trocken tupfen. Einige Scheiben zum Garnieren beiseitelegen, Rest in eine Schüssel raspeln. Mit etwas Salz bestreuen und ca. 10 Minuten ruhen lassen. Bärlauch waschen, trocken schütteln, Stiele entfernen und Bärlauch fein hacken.

2. Gurkenraspel gut ausdrücken. Mit Quark, Joghurt, Bärlauch und Olivenöl vermischen. Bärlauch-Tsatsiki mit Salz, Pfeffer und Zitronensaft abschmecken. Mit Gurkenscheiben garnieren.

Bärlauch-Tsatsiki schmeckt zu Fleisch oder Fisch, Kartoffeln, Fladenbrot und vielen weiteren Gerichten. Überraschen Sie Ihre Gäste mit Hackbällchen (siehe S. 46) oder Schinken-Käse-Stangen (siehe S. 102) und reichen Sie dazu diesen Dip.

Pfirsich-Chutney

für die Käseplatte

Zutaten für ca. 8 Portionen

500 g Pfirsiche

3 große rote Zwiebeln

250 g Honig

100 ml Rotwein

100 ml Balsamico

außerdem:
1 ½ TL Salz, frisch gemahlener Pfeffer,
½ TL Cayennepfeffer

Pro Portion: ca. 158 kcal, 1 g EW, 0 g F, 33 g KH
Zubereitung: ca. 1 Std. 15 Min.

1. Pfirsiche halbieren, entkernen und Haut entfernen. Fruchtfleisch in kleine Würfel schneiden und in einen Topf geben. Zwiebeln schälen und fein hacken.

2. Zwiebeln, Honig, Rotwein, Balsamico und Gewürze zu den Pfirsichwürfeln geben und unter Rühren ca. 1 Stunde einkochen lassen. (Vorsicht! Brennt leicht an.) Nochmals abschmecken. Pfirsich-Chutney in Dip-Schälchen oder kleine Einmachgläser füllen und servieren.

Mexikanische
Salsa

Zutaten für ca. 8 Portionen

5 Tomaten

4 rote Paprikaschoten

3 Zwiebeln

2 Chilischoten

2 Limetten

außerdem:
1 TL Salz,
2 EL Zucker,
frisch gemahlener Pfeffer, frisch gehackter Koriander zum Garnieren

Pro Portion: ca. 48 kcal, 2 g EW, 0 g F, 8 g KH
Zubereitung: ca. 25 Min.

1. Tomaten kreuzweise einschneiden und ca. 30 Sekunden in kochendes Wasser legen. Herausnehmen, kalt abschrecken und häuten. Stielansätze entfernen und Tomaten in Würfel schneiden. Paprika waschen, vierteln, entkernen und in kleine Würfel schneiden. Zwiebeln schälen und fein hacken. Chilischoten waschen, halbieren, entkernen und fein hacken. Limetten halbieren und auspressen.

2. Gemüse in einen Topf geben und mit Limettensaft, Salz und Zucker bei schwacher Hitze sämig einköcheln lassen. Regelmäßig umrühren. Mit Pfeffer abschmecken und mit Koriander garniert servieren.

Barbecue-Soße

Zutaten für ca. 8 Portionen

300 ml Ketchup

200 g brauner Zucker

60 ml Apfelessig

1 EL Chiliflocken

2 EL Worcestersoße

außerdem:
1 EL Olivenöl, 1 TL Salz,
frisch gemahlener Pfeffer,
2 TL mildes Paprika-
pulver

Pro Portion: ca. 162 kcal, 1 g EW, 2 g F, 35 g KH

Zubereitung: ca. 15 Min.

1. Alle Zutaten und Gewürze mit 50 Milliliter Wasser in einen Topf geben und unter Rühren aufkochen lassen. Hitze reduzieren und Barbecue-Soße bei geringer Hitze ca. 10 Minuten köcheln lassen. Ab und zu umrühren. Soße nochmals mit Gewürzen abschmecken.

2. Barbecue-Soße in eine saubere Flasche füllen und verschließen. Auskühlen lassen und bis zum Servieren im Kühlschrank aufbewahren.

Auberginencreme

Zutaten für ca. 8 Portionen

600 g Auberginen

4 EL Tahin

4 EL Zitronensaft

3 EL Olivenöl und etwas Öl zum Beträufeln

3 Knoblauchzehen

außerdem:
Paprikapulver und Basilikumblättchen zum Garnieren

Pro Portion: ca. 99 kcal, 2 g EW, 8 g F, 2 g KH
Zubereitung: ca. 20 Min. + Backzeit ca. 30 Min.

1. Backofen auf höchste Stufe vorheizen. Auberginen waschen und mehrmals mit einer Gabel einstechen. Auf einem mit Backpapier ausgelegten Backblech ca. 30 Minuten im vorgeheizten Ofen backen, bis sie komplett weich sind.

2. Auberginen etwas abkühlen lassen, Fruchtfleisch aus der Schale kratzen und in eine Schüssel geben. Sesampaste, Zitronensaft und Olivenöl zufügen. Mit dem Stabmixer zu einer homogenen Masse mixen.

3. Knoblauch schälen, pressen und zugeben. Auberginencreme noch einmal gut vermischen und mit etwas Öl beträufeln. Mit Paprikapulver bestreuen und mit Basilikumblättchen garniert servieren.

Die Auberginencreme ist unter dem Namen „Baba Ghanoush" in der orientalischen Küche weitverbreitet und eignet sich gut als aromatischer Dip zu Fladenbrot.

Süße

Chili-Soße

Zutaten für ca. 8 Portionen

4 Chilischoten

6 Knoblauchzehen

240 g Zucker

120 ml Essig

außerdem:
2 TL Salz, 2 EL Speisestärke
nach Belieben

Pro Portion: ca. 131 kcal, 0 g EW, 0 g F, 31 g KH
Zubereitung: ca. 15 Min.

1. Chilischoten waschen, halbieren, die Kerne herauskratzen und Chilischoten grob schneiden. Knoblauch schälen und grob hacken. Chilischoten, Knoblauch, Zucker, Essig, Salz und 360 Milliliter Wasser in einen Mixer geben und bis zur gewünschten Konsistenz pürieren.

2. Chili-Soße in einen Topf geben und bei mittlerer Hitze aufkochen lassen. Hitze reduzieren und bei geringer Hitze ca. 3 Minuten etwas einköcheln lassen. Nach Belieben Speisestärke mit etwas Wasser glatt rühren und unter die Chili-Soße rühren. Ca. 1 Minute mitköcheln lassen. Süße Chili-Soße abkühlen lassen und in eine Dip-Schale füllen.

Servieren Sie die süße Chili-Soße zu den asiatischen Hähnchen-Spießen (siehe S. 40) oder den Sommerrollen mit Garnelen (siehe S. 28).

Getränke für die Party

Waldmeister-Bowle

Zutaten für ca. 10 Gläser

2 Bund Waldmeister

200 g Zucker

750 ml Sekt

1 ½ l Weißwein

außerdem:
Eiswürfel nach Belieben

Pro Glas: ca. 249 kcal, 0 g EW, 0 g F, 28 g KH
Zubereitung: ca. 25 Min. + Ziehzeit ca. 30 Min.

1. Waldmeister waschen, trocken schütteln und einige Stunden zum Antrocknen aufhängen. Zucker in einem Topf mit 200 Millilitern Wasser zum Kochen bringen und ca. 10 Minuten köcheln lassen. Vom Herd nehmen und vollständig abkühlen lassen.

2. Waldmeister mit den Blättern nach unten an einer Schnur in den Zuckersirup hängen, ca. 30 Minuten ziehen lassen und herausnehmen.

3. Sekt und Weißwein mit dem aromatisierten Zuckersirup verrühren. In eine Bowlenschale oder in Gläser füllen und nach Belieben mit Eiswürfeln servieren.

Erdbeerbowle

Zutaten für 3 Liter

500 g Erdbeeren

etwas Erdbeerlikör

2 Flaschen Weißwein

1 TL abgeriebene Schale von 1 unbehandelten Zitrone

1 Flasche Sekt

außerdem:
etwas Zucker, Eiswürfel nach Belieben, Minze- oder Basilikumblättchen zum Garnieren

Pro Glas: ca. 127 kcal, 1 g EW, 0 g F, 8 g KH
Zubereitung: ca. 15 Min. + Ruhezeit ca. 3 Std.

1. Erdbeeren waschen und putzen. Einige Erdbeeren trocken tupfen und zum Garnieren beiseitestellen. Restliche Erdbeeren vierteln oder in Scheiben schneiden und in eine Bowlenschale oder ein anderes Glasgefäß geben. Etwas Erdbeerlikör über die Erdbeeren geben und alles ca. 2 Stunden im Kühlschrank ruhen lassen.

2. Mit 1 Flasche Weißwein aufgießen, Zitronenabrieb zugeben und vorsichtig umrühren. Nochmals ca. 1 Stunde ziehen lassen. Restlichen Wein und Sekt zugeben. Zucker nach Geschmack zufügen und alles nochmals vorsichtig verrühren. Nach Belieben Eiswürfel zugeben, mit beiseitegestellten Erdbeeren sowie Minze- oder Basilikumblättchen garnieren und in Gläsern portioniert servieren.

Die Bowle am besten schon einige Stunden vor der Party vorbereiten, damit sich das Erdbeeraroma optimal entfaltet.

Mint Julep

Zutaten für 1 Glas

2 Stängel Minze

1 cl Zuckersirup

4 cl Whisky

außerdem: Eiswürfel

Pro Glas: ca. 118 kcal, 0 g EW, 0 g F, 6 g KH

Zubereitung: ca. 10 Min.

1. Minze waschen und trocken schütteln. 1 Stängel zum Garnieren beiseitestellen. Restliche Blättchen abzupfen.

2. Minzeblättchen, 20 Milliliter Wasser und Zuckersirup in ein großes Glas geben. Minze mit einem Stößel auspressen und gut umrühren.

3. Glas zur Hälfte mit Eis füllen und nochmals kräftig umrühren. Whisky zugießen, einige Sekunden ruhen lassen und nochmals rühren. Mit beiseitegestellter Minze garniert servieren.

Nach Belieben noch einen Spritzer Angostura zugeben oder mit Cherry Brandy und Kirschnektar variieren.

Hugo

Zutaten für 1 Glas

1 unbehandelte Limette

1 cl Holunderblütensirup

5 cl Sekt

Sodawasser

außerdem:
Minzeblättchen zum Garnieren

Pro Glas: ca. 105 kcal, 0 g EW, 2 g F, 12 g KH
Zubereitung: ca. 10 Min.

1. Limette heiß abwaschen und trocken tupfen. Eine Limettenscheibe abschneiden, in ein Glas geben und Holunderblütensirup darübergießen.

2. Mit eiskaltem Sekt und etwas Sodawasser auffüllen und mit Minzeblättchen garniert servieren.

Für eine alkoholfreie Variante ersetzen Sie den Sekt einfach durch Sodawasser und fügen zusätzlich einen Schuss Limetten- oder Zitronensaft hinzu.

Erdbeer-Caipirinha

Zutaten für 1 Glas

1 Limette

6 Erdbeeren

3–4 TL Rohrzucker

6 cl Cachaça

außerdem:
Crushed Ice, Minzeblättchen zum Garnieren

Pro Glas: ca. 282 kcal, 1 g EW, 2 g F, 25 g KH
Zubereitung: ca. 10 Min.

1. Limette heiß abwaschen und trocken tupfen, in Spalten oder Scheiben schneiden. Erdbeeren, waschen, putzen und trocken tupfen. Limettenspalten oder -scheiben, 5 Erdbeeren und Rohrzucker in ein Glas geben.

2. Erdbeeren mit einem Stößel zerdrücken. Glas mit Crushed Ice füllen, Cachaça darübergießen und umrühren. Mit der restlichen Erdbeere und Minzeblättchen garniert servieren.

— Für eine aromatische Variante geben Sie vor dem Zerstoßen noch etwas Basilikum oder Minze hinzu.

Fruchtiger

Cassis-Likör

Zutaten für 1 Liter

1 kg schwarze Johannisbeeren

1 l Wodka

1 kg Zucker

außerdem:
2 Muskatblüten, 3 Gewürznelken, 1 Zimtstange

Pro Glas: ca. 132 kcal, 0 g EW, 0 g F, 21 g KH
Zubereitung: ca. 40 Min. + Ziehzeit ca. 2 Wochen

1. Johannisbeeren waschen, trocken tupfen, von den Rispen streifen und verlesen. Hälfte der Johannisbeeren zerdrücken, Rest ganz lassen. Johannisbeeren mit Wodka und Gewürzen in ein großes Schraubdeckelglas füllen, verschließen und ca. 2 Wochen an einem dunklen Ort ziehen lassen.

2. Zucker mit 500 Millilitern Wasser in einem Topf aufkochen. Johannisbeeransatz zugeben und alles gut verrühren. Ein Sieb mit sauberen Küchentüchern auslegen und Likör filtern. In eine sterilisierte Flasche füllen und verkorken. Gut gekühlt, ist der Likör mindestens 2 Monate haltbar.

Nach Belieben können Sie den Likör geschmacklich variieren, indem Sie andere Gewürze wie z. B. Vanillemark oder ein kleines Stück Ingwer zufügen. Ein typischer Aperitif mit Cassis-Likör ist Kir Royal. Dafür 1 Zentiliter Cassis-Likör in ein Glas geben und vorsichtig mit 9 Zentilitern trockenem Sekt auffüllen.

Schokoladenlikör

Zutaten für ca. 400 Milliliter

250 g Vollmilch-schokolade

200 g Sahne

1 Msp. Chilipulver

100 ml Whisky

Pro Glas: ca. 108 kcal, 1 g EW, 7 g F, 7 g KH

Zubereitung: ca. 25 Min.

1. Schokolade in Stücke brechen und in eine Edelstahlschüssel geben. Sahne in einem Topf erhitzen, aber nicht kochen. Heiße Sahne über die Schokolade gießen und ca. 5 Minuten ruhen lassen.

2. Mit einem Schneebesen Schokolade und Sahne cremig aufschlagen. Chilipulver unterrühren und Whisky untermischen.

3. In eine weite, sterilisierte Flasche füllen, gut verschließen und in den Kühlschrank stellen. Im Kühlschrank hält sich der Likör ca. 2 Wochen.

Experimentieren Sie auch mit anderen Aromen. Dieser Likör lässt sich z. B. gut mit Vanille oder Lebkuchengewürz verfeinern, wenn er zu einem weihnachtlichen Dessert serviert werden soll.

Limoncello

Zutaten für 2 Flaschen (à 1 Liter)

10 unbehandelte Zitronen und Saft von 1 Zitrone

1 l Alkohol (90 Vol.-%, aus der Apotheke)

800 g Zucker

Pro Glas: ca. 87 kcal, 0 g EW, 0 g F, 8 g KH

Zubereitung: ca. 30 Min. + Ruhezeit ca. 3 Wochen

1. Zitronen dünn schälen. Dabei die weiße Innenhaut nicht mit abschälen. Zitronenschalen in Streifen schneiden und mit dem Alkohol in eine große, bauchige Flasche geben. Ca. 2 Wochen ziehen lassen.

2. Aromatisierten Alkohol mit Zitronensaft mischen und durch ein sauberes Küchentuch oder Filterpapier filtern. Zitronenschalen dabei gut auspressen.

3. Zucker und 1 Liter Wasser in einem Topf unter Rühren aufkochen und köcheln lassen, bis ein dickflüssiger Sirup entsteht. Vom Herd nehmen und abkühlen lassen.

4. Zuckersirup zum Alkohol geben und alles gut vermischen. Mischung in Flaschen abfüllen und nochmals ca. 1 Woche an einem kühlen, dunklen Ort ruhen lassen. Limoncello im Tiefkühlfach aufbewahren und eiskalt genießen.

Limoncello

Lavendelblütensirup

Zutaten für ca. 250 Milliliter

400 g Zucker

6 EL Zitronensaft

12 EL frische Lavendelblüten

Pro 250 Milliliter: ca. 1655 kcal, 1 g EW, 1 g F, 402 g KH

Zubereitung: ca. 25 Min. + Ziehzeit ca. 1 Tag

1. Zucker, Zitronensaft und 300 Milliliter Wasser in einen Topf geben und zum Kochen bringen. Bei schwacher Hitze unter Rühren ca. 5 Minuten köcheln lassen, bis der Zucker sich vollständig aufgelöst hat.

2. Topf vom Herd nehmen und Lavendelblüten zufügen. Zugedeckt ca. 1 Tag an einem dunklen, kühlen Ort ziehen lassen.

3. Flüssigkeit durch ein mit einem sauberen Küchentuch ausgelegtes feines Sieb filtern. Sirup in ein sterilisiertes Glas füllen, verschließen und im Kühlschrank aufbewahren. Hier hält sich der Sirup ca. 6 Monate.

Sie können auch getrocknete Blüten des Echten Lavendels verwenden. Dann reicht ein Drittel der Menge und der Sirup muss nur ca. 2–3 Stunden ziehen. Lavendelsirup schmeckt mit kaltem Mineralwasser, Sekt oder Prosecco, aber auch zu verschiedenen Desserts wie z. B. Eis oder Obstsalat.

lavender

Rhabarber-Sirup

Zutaten für 5 Flaschen (à 500 Milliliter)

2 kg Rhabarber

1 Pck. Zitronensäure

600 g Zucker

außerdem:
2 Msp. Einmachhilfe

Pro Flasche: ca. 489 kcal, 0 g EW, 0 g F, 120 g KH
Zubereitung: ca. 50 Min.

1. Rhabarber waschen und in Stücke schneiden. Mit 1 ½ Litern Wasser in einem großen Topf zum Kochen bringen. Bei mittlerer Hitze unter gelegentlichem Rühren ca. 20 Minuten kochen.

2. In ein mit einem sauberen Küchentuch ausgelegtes Sieb abgießen. Kochflüssigkeit dabei auffangen. Kochflüssigkeit, Zitronensäure, Zucker und Einmachhilfe unter Rühren zum Kochen bringen und Zucker in der Flüssigkeit auflösen.

3. Vom Herd nehmen und noch heiß in sterilisierte Flaschen mit Bügelverschluss füllen. Umgedreht ca. 5 Minuten stehen und auskühlen lassen. Der Sirup hält sich im Kühlschrank ca. 10–12 Monate.

Lecker schmeckt der Sirup beispielsweise mit kühlem Sekt oder Mineralwasser aufgefüllt (2–3 Esslöffel Rhabarber-Sirup auf ca. 300 Milliliter Flüssigkeit).

Golden Sunset

Zutaten für 1 Glas

12 cl Grapefruitsaft

2 cl Grenadinesirup

2 cl Zitronensaft

1 cl Zuckersirup

außerdem: Eiswürfel

Pro Glas: ca. 120 kcal, 1 g EW, 0 g F, 33 g KH
Zubereitung: ca. 5 Min.

1. Grapefruitsaft, Grenadinesirup, Zitronensaft und Zuckersirup mit einigen Eiswürfeln in einen Shaker geben und kräftig schütteln.

2. Mischung in ein mit Eiswürfeln gefülltes Glas geben. Mit einem Strohhalm servieren.

Nach Belieben können Sie diesen alkoholfreien Cocktail mit verschiedenen Früchten garnieren. Gut passen z. B. Ananasstückchen, die auf einen Holzspieß gesteckt werden.

Gurken-Limetten-Wasser

Zutaten für 1 Liter

1 unbehandelte Limette

¼ unbehandelte Gurke

2–3 Stängel Minze

Pro Liter: ca. 2 kcal, 0 g EW, 0 g F, 2 g KH
Zubereitung: ca. 5 Min. + Kühlzeit ca. 12 Std.

1. Limette waschen und halbieren. Saft aus einer Hälfte auspressen und in eine Karaffe oder einen Krug geben. Andere Limettenhälfte in Scheiben schneiden. Gurke waschen und ebenfalls in Scheiben schneiden. Minze waschen und Blättchen abzupfen.

2. Gurken- und Limettenscheiben sowie Minzeblättchen zum Limettensaft geben und 1 Liter Wasser zugießen. Gurken-Limetten-Wasser ca. 12 Stunden im Kühlschrank ziehen lassen und gut gekühlt genießen.

— Wird das Gurken-Limetten-Wasser direkt in Gläsern zubereitet, servieren Sie es mit einem Strohhalm. Eine besonders hübsche Dekoration ist eine Gurkenspirale am Glasrand.

Register

Bildnachweis

Rezeptbilder/Shutterstock: 3 Elena Eryomenko, 4 Efremova Gulia, 7 Mateusz Gzik, 9 DronG, 13 JKorotchenkova, 15 sebasnoo, 21 Viktoria Hodos, 23 Oksana Mizina, 25 Jozef Sowa, 27 Brent Hofacker, 29 MSPT, 31 shafiga baghirova, 33 Eda Studio, 35 margouillat photo, 37 from my point of view, 39 Gaus Alex, 41 stockcreations, 43 stockcreations, 45 Elena Shashkina, 47 margouillat photo, 51 Christian Jung, 53 CGissemann, 55 MariaKovaleva, 57 Simone Voigt, 59 MariaKovaleva, 61 etorres, 63 Elena Veselova, 65 Brent Hofacker, 67 Wiktory, 69 zebratomato, 71 Olexiy Bayev, 73 Corinna Haselmayer, 75 A_Lein, 79 AnjelikaGr, 81 Visionsi, 83 Viktor Kochetkov, 85 Carol Mellema, 87 diogoppr, 89 alisafarov, 91 Elena Zajchikova, 93 Samo Trebizan, 95 Daria Saveleva, 97 sarsmis, 99 Valerio Pardi, 101 Efremova Gulia, 103 NoirChocolate, 105 NoirChocolate, 107 art nick, 109 A_Lein, 113 Liliya Kandrashevich, 115 HandmadePictures, 117 El Nariz, 119 Indian Food Images, 121 TunedIn by Westend61, 123 Jack Jelly, 125 Olga Miltsova, 127 Jiri Hera, 129 AnjelikaGr, 131 Jiri Hera, 135 aliasemma, 137 Barbara Neveu, 139 Brent Hofacker, 141 kitty, 143 Andrew Pustiakin, 145 Anna_Pustynnikova, 147 HandmadePictures, 149 Barbara Neveu, 151 Letterberry, 153 Seija, 155 bitt24, 157 Ekaterina Kondratova; Coverabbildungen: großes Bild Elena Veselova, Rest siehe Innenteil

Zutatenbilder/Shutterstock: 5 second Studio, Abramova Elena, Africa Studio, akepong srichaichana, Albert Fedchenko, Aleksey Patsyuk, Alex Staroseltsev, Alex Streinu, Alexey Poley, Alexlukin, Alter-ego, amphaiwan, Andrii Horulko, Angel Simon, anitasstudio, Anna Kucherova, Anton Starikov, Antonio Gravante, aperturesound, Art65395, ArTDi101, Artem Kutsenko, baibaz, bergamont, Billion Photos, Binh Thanh Bui, Birgit Reitz-Hofmann, Bjoern Wylezich, bonchan, Boonchuay1970, Davydenko Yuliia, Diana Mower, Diana Taliun, Dionisvera, Diyana Dimitrova, Eivaisla, Ekaterina Simonova, Elena Zajchikova, Elovich, Ermak Oksana, Evgeny Karandaev, FeellFree, Fischer Food Design, fotoearl, fotoknips, Gavran333, geniuscook_com, Gordana Sermek, gresei, GSDesign, HamNatee, Happy Stock Photo, Holiday. Photo.Top, Hong Vo, hsagencia, Inga Nielsen, Iurii Kachkovskyi, Julee75, Kaam21, Khumthong, Kovaleva_Ka, Kritchai7752, Krzysztof Slusarczyk, lantapix, Ledo, M. Unal Ozmen, mahirart, Maks Narodenko, MaraZe, margouillat photo, Mona Makela, Moving Moment, Mr. SUTTIPON YAKHAM, Nataliia K, Nattika, nehophoto, oriori, Pairoj Sroyngern, Peter Zijlstra, Picsfive, picturepartners, Pixel-Shot, PixMarket, pukao, RHJPhtotoandilustration, robert dumitru, robertsre, Rudy Balasko, Scisetti Alfio, Sergiy Kuzmin, Serhiy Shullye, Shawn Hempel, showcake, Somchai Som, spline_x, sripfoto, Sylwia Brataniec, Tanya_mtv, This Is Me, Tim UR, timquo, topseller, ugurv, Valentyn Volkov, Valery121283, Viktar Malyshchyts, virtu studio, Volosina, xpixel, Y Photo Studio, Yasonya, zkruger

Impressum

Alle Informationen in diesem Buch wurden mit größter Sorgfalt erarbeitet und geprüft. Weder Herausgeber, Autor noch Verlag können jedoch für Schäden haftbar gemacht werden, die in Zusammenhang mit der Verwendung dieses Buches stehen.

Genehmigte Sonderausgabe

ISBN 978-3-7359-2086-7

Komplettproducing: twinbooks, München
Text und Lektorat: Annerose Sieck, Jana Lösch, Eva Hutter, Melanie Goldmann für twinbooks, München